登記研究編集室編

登記関係先例年月日索引

平 4 . 11～平31. 4

テイハン

凡　例

1．本書は平成４年11月から平成31年４月までの登記関係の先例（訓令・通
　達・回答等）について、年月日順に、その先例の収録されている以下の文
　献の巻、号、頁を掲げたものです。

月　　日	番号	区別	① 登記研究	② 先例集	③ 民事月報

　　①　テイハン刊「**登記研究**」
　　②　テイハン刊「**登記関係先例集**」上、下、追加編Ⅰ～Ⅻ
　　③　法務省民事局刊「**民事月報**」

2．①欄において、「登記研究」に掲載された先例の解説が、その号数と異
　なる場合には、別途「解説　550・55」のように表示しています。

3．②欄において、追加編Ⅷの385頁に収録されている場合は、「Ⅷ385」の
　ように表示しています。また、不動産登記関係と商業・法人登記関係の先
　例が共に収録されている場合は、それぞれの掲載頁を「Ⅷ113・367」のよ
　うに表示しています。

4．照会に対し回答がなされ、これにともない同日付で通達が発せられた場
　合は、通達の番号のみを掲げました。

凡 例

5．区別欄の略語は下のとおりです。

不……商業登記、法人登記を除く	答……回答
登記関係	達……通達
商……商業登記、法人登記関係	知……通知
供……供託関係	依……依命

　例えば登記全般に関する通達は「不商達」とし、不動産登記関係の依命通知は「不依知」としました。

　なお、登録免許税関係の先例は、内容が主として不動産登記に関するものか、商業・法人登記に関するものかにより「不」、「商」に区別をしました。

6．見出し一覧では、先例を不動産登記関係、商業・法人登記関係（供託関係を含む）に分け、年月日順に掲載するとともに索引と同様、発出年月日や登記研究、登記関係先例集、民事月報の各収録箇所を掲げています。

年月日索引

月　日	番号	区別	登記研究		先例集	民事月報
平成4年						
11・4	民三 6284	不答	544・93	解説付	Ⅷ385	48・3・144
11・25	民三 6568	不答	548・125	解説付	Ⅷ386	48・5・108
12・10	民三 6951	不答	543・145	解説付	Ⅷ387	48・1・149
平成5年						
2・3	民四 1166	商知	544・98	解説付	Ⅷ111	48・3・148
2・4	民三 1182	不達	547・129	解説付	Ⅷ391	48・4・153
2・5	民三 1774	不通	544・96		Ⅷ391	48・3・147
2・10	民三 1701	不知	544・97		Ⅷ393	48・3・148
3・29	民三 2927	不達	555・135	解説付	Ⅷ394	48・12・107
3・31	民四 2959	商知	547・132	解説付	Ⅷ113	48・4・156
5・12	民四 3717	商知	550・171		Ⅷ117	48・5・110
5・18	民四 3841	供知	550・172	解説付		48・5・112
6・3	民三 4308	不答	558・113		Ⅷ396	49・4・191
7・21	民三 5145	不商知	550・165	解説付	Ⅷ397	48・8・227
7・30	民三 5319	不達	548・127		Ⅷ404	48・8・202
7・30	民三 5320	不達	548・131 解説　550・55、551・1		Ⅷ424	48・8・204
8・5	民三 5915	不依知	553・128		Ⅷ451	48・9・296
8・9	民三 5485	不商答	552・115		Ⅷ455	48・9・283
8・20	民四 5554	商依知	552・120	解説付	Ⅷ119	48・9・287
9・3	民三 5896	不商依答	552・117		Ⅷ457	48・9・284
9・17	民三 6188	不達	553・99	解説付	Ⅷ460	48・10・166
9・17	民三 6190	不達	553・108		Ⅷ463	48・10・174
9・17	民三 6192	不達	553・109		Ⅷ464	48・10・174
9・29	民三 6361	不達	552・119		Ⅷ487	48・10・207

月　日	番号	区別	登記研究	先例集	民事月報
9・29	民三 6363	不達	552・120	Ⅷ488	48・10・192
10・1	民四 6519	商知	552・133 解説　557・35	Ⅷ121	48・10・201
10・6	民四 6523	商知	554・117　解説付	Ⅷ125	48・11・205
10・15	民四 6597	商達	554・119　解説付	Ⅷ126	48・11・207
10・15	民四 6599	商知	554・131	Ⅷ134	48・11・216
11・5	民四 6928	商知	556・136　解説付	Ⅷ137	48・12・114
11・18	民三 7389	不達	558・113　解説付	Ⅷ497	49・1・79
11・24	民三 7403	不達	555・138	Ⅷ532	48・12・109
12・3	民三 7499	不答	557・109　解説付	Ⅷ537	49・3・93
12・27	民四 7783	商達	557・116　解説付	Ⅷ137	49・2・111
12・27	民四 7784	商依知	557・149	Ⅷ165	49・2・141
12・27	民四 7785	商依知	557・152	Ⅷ170	49・2・144

平成6年

月　日	番号	区別	登記研究	先例集	民事月報
1・5	民三 265	不答	556・123　解説付	Ⅷ541	49・2・99
1・10	民三 300	不依知	559・109	Ⅷ542	49・4・214
1・10	民四 311	商知	557・158　解説付	Ⅷ179	49・3・100
1・14	民三 366	不知	556・126　解説付	Ⅷ562	49・2・102
1・17	民三 373	不答	563・111　解説付	Ⅷ563	49・9・167
1・21	民三 556	不知	558・138　解説付	Ⅷ565	49・4・191
1・31	民三 715	不達	560・123　解説付	Ⅷ571	49・6・148
2・7	民四 726	商達	557・166 解説　557・35	Ⅷ183	49・3・99
2・7	民四 727	商達	557・167 解説　557・35	Ⅷ184	49・3・99
2・7	民四 728	商依知	557・168 解説　557・35	Ⅷ184	49・3・100
3・9	民三 1509	不依知	559・103	Ⅷ572	49・4・205

月　日		番号	区別	登記研究		先例集	民事月報
3・10	民三	1774	不達	559・107		Ⅷ577	49・ 4 ・209
3・18	民四	1859	商知	558・153		Ⅷ185	49・ 4 ・214
3・31	民三	2431	不達	559・128	解説付	Ⅷ580	49・ 4 ・211
4・15	民四	2915	商達	559・131		Ⅷ186	49・ 5 ・ 82
4・15	民四	2916	商依知	559・148		Ⅷ207	49・ 5 ・ 94
5・10	民四	3012	商知	560・124	解説付	Ⅷ209	49・ 6 ・142
5・11	民三	3026	不答	568・167	解説付	Ⅷ582	50・ 1 ・139
5・13	民三	3058	不商依知	561・135	解説付	Ⅷ585	49・ 7 ・208
6・ 7	民四	3602	供知	560・132			49・ 6 ・150
6・10	民三	3629	不依知	561・139		Ⅷ587	49・ 7 ・221
6・24	民四	3938	商知	561・140	解説付	Ⅷ216	49・ 7 ・213
6・29	民四	3953	商達	561・147		Ⅷ220	49・ 7 ・218
7・ 6	民四	4192	商知	562・125	解説付	Ⅷ223	49・ 8 ・185
7・11	民三	4217	不達	563・117		Ⅷ589	49・ 9 ・172
7・18	民三	4316	不達	563・121		Ⅷ594	49・ 9 ・176
8・30	民三	5618	不依知	564・121		Ⅷ599	49・10・238
9・19	民四	5808	供達	564・132			49・10・241
9・19	民四	5866	供知	564・133	解説付		49・10・241
9・20	民四	5867	供知	564・137	解説付		49・10・244
9・20	民四	5868	商知	564・124	解説付	Ⅷ227	49・10・231
11・18	民三	7661	不依知	566・119		Ⅷ602	49・12・167
11・18	民四	7663	商知	566・121	解説付	Ⅷ232	49・12・164
11・21	民四	7804	供達	566・124	解説付		49・12・169
11・30	民三	8198	不達	571・115		Ⅷ604	50・ 4 ・203
11・30	民三	8713	不依知	571・116		Ⅷ605	50・ 4 ・204
12・20	民四	8662	商達	568・172		Ⅷ233	50・ 1 ・143
12・20	民四	8663	商依知	568・179		Ⅷ243	50・ 1 ・148

月　日	番号	区別	登記研究	先例集	民事月報
12・21	民三 8670	不達	586・157　解説付	Ⅸ611	51・7・269

平成7年

月　日	番号	区別	登記研究	先例集	民事月報
1・9	民三 27	不知	586・172　解説付	Ⅸ621	51・7・265
1・11	民三 282	不答	572・129　解説付	Ⅷ667	50・5・145
2・16	民四 1551	供達	570・163 解説 570・65		50・3・194
2・27	民三 1978	不知	572・132　解説付	Ⅷ668	50・5・147
3・2	民四 2232	供達	571・129		50・4・214
3・24	民四 2616	商達		Ⅷ245	50・3・192
3・28	民四 2628	商知	571・117　解説付	Ⅷ248	50・4・204
3・29	民三 2589	不答	570・157	Ⅷ668	50・3・186
3・30	民四 2650	商知	571・119　解説付	Ⅷ248	50・4・206
3・30	民三 2651	不知	572・136　解説付	Ⅷ675	50・5・151
3・31	民四 2655	商知	571・123　解説付	Ⅷ251	50・4・210
3・31	民三 2780	不達			50・11・129
4・13	民三 2731	不知			50・6・152
4・14	民三 2741	不依知		Ⅷ683	50・6・154
4・26	民三 2902	不達			50・6・154
4・26	民三 2903	不依知			50・6・155
4・26	民三 2904	不知			50・6・155
5・30	民三 3080	不依知	572・145	Ⅷ684	50・6・156
6・1	民三 3102	不答	578・125　解説付	Ⅷ689	50・11・133
6・7	民四 3134	供達	573・109		50・7・204
6・7	民四 3135	商達	573・93	Ⅷ255	50・7・189
7・13	民三 3337	不依知	578・129	Ⅷ689	50・11・136
7・31	民四 3407	商達	574・95 解説 595・97	Ⅷ273	50・8・77

月　日	番号	区別	登記研究	先例集	民事月報
7・31	民四 3408	商依知		Ⅷ287	50・8・90
8・2	民三 3459	不達	575・117	Ⅷ690	50・9・123
8・28	民三 3612	不知	575・119	Ⅷ694	50・9・124
10・16	民三 4046	不依知	578・130	Ⅷ696	50・11・137
11・7	民三 4167	不知	584・125　解説付	Ⅷ697	51・4・219
12・4	民三 4344	不知	585・133　解説付	Ⅷ698	51・5・250
12・13	民四 4386	商依知	581・127	Ⅷ290	51・2・239
12・19	民四 4435	商依知	579・165	Ⅷ295	51・1・223

平成8年

月　日	番号	区別	登記研究	先例集	民事月報
1・17	民四 37	商達	581・131	Ⅷ299	51・2・244
2・14	民三 240	不達	585・138	Ⅷ699	51・5・219
3・4	民四 395	商知	585・176　解説 586・183	Ⅷ314	51・5・255
3・15	民四 537	供依知	590・162　解説付		51・5・259
3・18	民三 563	不達	593・185　解説付	Ⅸ622	52・2・172
3・22	民三 598	不知	591・191　解説付	Ⅸ625	51・11・99
3・26	民四 609	商達	584・132　解説付	Ⅷ315	51・4・227
3・26	民四 617	商知	584・142	Ⅷ321	51・4・237
3・27	民四 651	商達	584・142　解説 588・103	Ⅷ327	51・4・244
3・29	民四 630	供達	587・159　解説 588・75		51・4・260
3・29	民四 670	供達	588・165　解説 588・127、589・59		51・4・296
4・11	民三 755	不達	591・194　解説付	Ⅸ625	51・12・118
4・11	民三 756	不達	591・206　解説付	Ⅸ643	51・12・138
4・22	民三 798	不商依知	585・167	Ⅷ733	51・6・91
4・23	民三 814	不知	595・123　解説付	Ⅸ652	52・4・151

7

月　日	番号	区別	登記研究		先例集	民事月報
5・2	民三 882	不依知	585・172		Ⅷ738	51・6・96
5・10	民四 904	商知	586・176	解説付	Ⅷ346	51・6・87
5・17	民三 950	不商依知	585・172		Ⅷ742	51・6・100
5・23	民四 972	商依知	586・179		Ⅷ347	51・7・294
6・25	民四 1162	商知	586・180		Ⅸ1	51・7・295
7・15	民三 1268	不依知	590・147		Ⅸ1	51・10・179
7・25	民四 1350	商知	590・156	解説付	Ⅸ5	51・9・189
7・29	民三 1368	不知	595・126	解説付	Ⅸ3	52・3・119
8・26	民四 1483	供達	592・181			51・12・160
8・27	民三 1496	不依知	590・148		Ⅸ3	51・10・181
8・29	民三 1521	不依知	590・150		Ⅸ6	51・10・183
8・29	民三 1523	不依知	590・150		Ⅸ9	51・10・186
9・6	民四 1565	商知	592・174	解説付	Ⅸ9	51・11・103
9・24	民三 1694	不依知	592・172		Ⅸ13	51・12・158
9・24	民三 1696	不達	592・165	解説付	Ⅸ15	51・12・148
10・11	民三 1816	不依知	593・195		Ⅸ22	52・1・210
10・16	民三 1878	不依知	596・109	解説付	Ⅸ27	52・4・161
11・12	民三 1991	不依知	593・199		Ⅸ31	52・1・214
11・29	民四 2061	供達				52・1・218
12・6	民四 2140	供知				52・1・227

平成9年

月　日	番号	区別	登記研究		先例集	民事月報
1・22	民四 47	商依知	593・199		Ⅸ13	52・2・182
1・22	民三 85	不答	595・129	解説付	Ⅸ35	52・4・155
1・29	民三 151	不知	603・109	解説付	Ⅸ38	52・12・66
1・29	民三 153	不知	602・167	解説付	Ⅸ38	52・10・179
3・17	民四 496	商知	596・115	解説付	Ⅸ16	52・4・169
4・1	民四 570	商知	597・113		Ⅸ16	52・5・214

月　日	番号	区別	登記研究	先例集	民事月報
4 ・ 1 　民四	588	商達	597・114	IX 19	52・5・217
5 ・21 　民四	918	商知	596・117　解説付	IX 30	52・6・211
5 ・27 　民三	932	不依知	599・156　解説付	IX 39	52・8・91
6 ・ 4 　民三	993	不達	599・139　解説付	IX 42	52・8・65
7 ・ 2 　民三	1173	不達	599・143　解説付	IX 44	52・8・71
7 ・ 2 　民三	1175	不依知	599・163	IX 53	52・8・99
7 ・ 8 　民三	1197	不依知	604・126	IX 56	52・12・71
7 ・15 　民四	1247	商知		IX 33	52・8・106
7 ・31 　民三	1301	不答	603・113　解説付	IX 58	52・9・99
7 ・31 　民三	1302	不答	603・117　解説付	IX 59	52・9・104
7 ・31 　民四	1307	商達	604・135　解説付	IX 37	52・9・108
8 ・27 　民三	1488	不知			53・3・107
8 ・28 　民三	1512	不依知	604・128	IX 60	52・12・73
9 ・ 1 　民三	1553	不知	604・131　解説付	IX 63	52・12・76
9 ・ 5 　民四	1572	商達	598・153	IX 38	52・9・114
9 ・ 5 　民四	1573	商達	598・155 解説　602・169	IX 41	52・9・117
9 ・ 5 　民四	1574	商知	598・168	IX 62	52・9・148
9 ・19 　民四	1709	商達	598・168 解説　601・165	IX 62	52・9・149
9 ・29 　民三	1765	不達	603・120　解説付	IX 64	53・1・170
9 ・29 　民三	1778	不依知	604・125	IX 72	53・1・181
9 ・29 　民三	1779	不知	608・184　解説付	IX 75	53・3・130
9 ・30 　民三	1783	不達	603・127　解説付	IX 75	53・1・183
10・ 1 　民四	1750	供達	604・140		52・12・157
10・ 1 　民四	1751	供依	604・146		52・12・159
10・14 　民三	1875	不達		IX 81	53・5・125

9

月　日	番号	区別	登記研究	先例集	民事月報
11・10 民四	2006	商達	607・177　解説付	Ⅸ89	52・12・80
11・17 民四	2051	商依知	604・140	Ⅸ93	52・12・143
12・4 民三	2155	不答	608・177　解説付	Ⅸ87	53・3・118
12・4 民三	2157	不知	608・190　解説付	Ⅸ88	53・3・136
12・19 民四	2257	供達	607・187　解説付		53・1・193

平成10年

月　日	番号	区別	登記研究	先例集	民事月報
1・12 民三	37	不達	607・171　解説付	Ⅸ89	53・2・103
1・21 民三	122	不達	608・180	Ⅸ94	53・3・122
1・21 民三	124	不依知	608・192	Ⅸ99	53・3・139
2・10 民四	270	商答	609・166　解説付	Ⅸ105	53・4・209
3・10 民四	468	商達	609・167　解説付	Ⅸ106	53・4・210
3・19 民三	533	不依知	609・163	Ⅸ104	53・4・246
3・20 民三	552	不知	615・211　解説付	Ⅸ107	53・12・147
3・24 民四	575	商知	609・181　解説付	Ⅸ117	53・4・236
3・30 民四	624	商知	618・169　解説付	Ⅸ120	53・5・136
4・28 民四	849	商達	606・135	Ⅸ126	53・5・146
5・1 民四	876	商達	606・150	Ⅸ152	53・5・161
5・22 民四	986	商知	610・136　解説付	Ⅸ210	53・6・138
5・29 民三	1028	不依知	610・135	Ⅸ108	53・6・148
6・2 民四	1055	商知	610・142　解説付	Ⅸ212	53・6・145
6・12 民三	1139	不依知	611・165	Ⅸ110	53・7・112
6・17 民三	1160	不答	616・115　解説付	Ⅸ113	54・1・163
6・22 民三	1184	不依知	611・168	Ⅸ114	53・7・115
7・27 民三	1391	不知	626・238　解説付	Ⅸ116	55・1・299
7・28 民三民四	1398	不商答	621・129　解説付	Ⅸ116	54・5・145
8・31 民四	1605	商達	614・147　解説付	Ⅸ213	53・8・139

月　日	番号	区別	登記研究	先例集	民事月報
8・31　民四	1606	商達	615・217 解説　615・73	Ⅸ218	53・12・154
8・31　民四	1607	商依知	615・242 解説　615・73	Ⅸ252	53・12・182
9・14　民四	1740	商達	612・175	Ⅸ252	53・9・136
9・14　民四	1741	商達	612・178 解説　612・93、 613・33	Ⅸ258	53・9・140
9・16　民三	1755	不依知	612・159	Ⅸ120	53・9・133
9・22　民四	1822	商達	613・119	Ⅸ275	53・10・145
9・24　民四	1823	商依知	614・162	Ⅸ321	
10・9　民四	1948	供達	624・148		53・11・235
10・22　民四	2049	商達	613・102　解説付	Ⅸ321	53・11・202
10・22　民四	2050	商達	623・127　解説付	Ⅸ333	53・12・182
10・22　民四	2051	商依知	623・159	Ⅸ359	53・12・233
10・23　民三	2068	不達	612・149 解説　613・85	Ⅸ124	53・11・173
10・23　民三	2069	不達	612・153 解説　613・90	Ⅸ129	53・11・183
10・23　民三	2070	不達	612・156 解説　613・96	Ⅸ133	53・11・192
11・12　民三	2169	不依知	626・220　解説付	Ⅸ136	55・1・269
11・18　民三	2218	不商依知	612・161	Ⅸ148	53・11・219
11・26　民四	2097	供達	624・150		53・12・323
11・26　民四	2098	供達	624・151		53・12・325
11・26　民三	2275	不知	627・201　解説付	Ⅸ162	55・4・220
11・27　民四	2278	商達	616・118　解説付	Ⅸ359	53・12・233
11・27　民四	2279	商依知	616・149	Ⅸ390	53・12・322
12・18　民四	2369	商達	618・178　解説付	Ⅸ390	54・1・166

月　日	番号	区別	登記研究		先例集	民事月報
12・21	民三 2456	不依知	618・161	解説付	Ⅸ 162	54・3・85
12・28	民三 2559	不依知	628・178		Ⅸ 166	55・2・125

平成11年

月　日	番号	区別	登記研究		先例集	民事月報
1・27	民四 137	商知	634・137		Ⅸ 393	
2・22	民三 347	不依知	627・193	解説付	Ⅸ 177	55・2・159
3・15	民四 498	商知	622・131		Ⅸ 395	54・4・179
3・16	民四 506	商知	622・133	解説付	Ⅸ 397	54・4・182
3・29	民四 602	商達	622・136	解説付	Ⅸ 399	54・4・185
3・29	民三 603	不依知	621・145		Ⅸ 178	54・4・173
3・30	民三 642	不答	620・221	解説付	Ⅸ 181	54・7・130
3・31	民四 650	商知	622・143	解説付	Ⅸ 402	54・4・192
4・1	民三 647	不依知	621・148		Ⅸ 183	54・4・176
4・1	民四 653	商達	622・149	解説付	Ⅸ 406	54・4・199
4・2	民四 667	商達			Ⅸ 408	54・4・203
4・28	民三 911	不知	627・197	解説付	Ⅸ 187	55・2・163
5・6	民三 944	不依知	621・148		Ⅸ 187	54・5・161
5・6	民三 946	不依知	621・135		Ⅸ 191	54・5・152
5・7	民三 959	不依知	621・154		Ⅸ 203	54・5・164
5・12	民三 1001	不依知	621・156		Ⅸ 205	54・5・166
6・2	民三 1133	不依知	622・127		Ⅸ 211	54・6・121
6・2	民三 1135	不依知	626・183		Ⅸ 213	54・9・141
6・14	民三 1189	不依知	619・197	解説付	Ⅸ 218	54・7・105
6・15	民三 1200	不答	634・115	解説付	Ⅸ 220	55・7・205
6・18	民三 1233	不達	619・209	解説付	Ⅸ 224	54・7・117
6・22	民三 1259	不答	634・121	解説付	Ⅸ 226	55・7・219
7・7	民三 1387	不依知	622・129		Ⅸ 227	54・7・128
7・14	民三 1414	不答	629・143	解説付	Ⅸ 230	55・2・168

月　日	番号	区別	登記研究	先例集	民事月報
7・21　民三	1469	不答	634・125　　解説付	Ⅸ232	55・7・213
8・23　民三	1740	不依知	626・177	Ⅸ235	54・9・146
9・6　民三	1891	不依知	626・187	Ⅸ244	54・9・156
9・8　民四	1918	商知	624・137	Ⅸ431	54・9・161
9・14　民三	1965	不依知	625・169	Ⅸ247	54・10・78
9・21　民三	2014	不依知	626・189	Ⅸ263	54・10・98
9・21　民三	2016	不依知	626・208	Ⅸ268	55・2・176
9・27　民三	2076	不依知	626・201	Ⅸ279	54・10・104
9・28　民三	2078	不依知	626・202	Ⅸ281	54・10・107
9・28　民三	2090	不依知	626・192	Ⅸ290	54・10・116
9・28　民三	2092	不依知	626・214	Ⅸ305	54・10・133
9・30　民四	2107	商達	624・137 解説　625・73	Ⅸ433	54・9・163
9・30　民四	2108	商知	630・144　　解説付	Ⅸ445	54・11・75
10・12　民三	2203	不依知	626・218	Ⅸ310	55・2・187
11・26　民三	2541	不依知		Ⅸ312	54・11・54
11・29　民四	2546	供達	634・143		54・12・181
12・6　民四	2611	商知	634・141　　解説付	Ⅸ452	54・12・179

平成12年

月　日	番号	区別	登記研究	先例集	民事月報
1・5　民四	9	商知	630・160　　解説付	Ⅸ453	55・1・303
1・5　民三	16	不答	630・141　　解説付	Ⅸ333	55・4・232
1・17　民三	79	不答	635・89	Ⅸ335	55・9・145
1・19　民四	103	商依知	632・159　　解説付	Ⅸ453	55・4・236
1・21　民三	130	不答	635・90　　解説付	Ⅸ336	55・9・147
1・31　民三	208	不達	668・1	Ⅸ337	58・1・207
1・31　民三	210	不商依知	668・19	Ⅸ363	58・1・227
2・16　民四	397	商知	632・163　　解説付	Ⅸ455	55・4・240

月　日		番号	区別	登記研究		先例集	民事月報
2・18	民三	439	不依知	629・150		IX 374	55・2・189
2・24	民三	473	不達	629・152	解説付	IX 376	55・4・223
3・1	民四	407	商知	632・165	解説付	IX 456	55・4・248
3・1	民四	544	商達	632・171	解説付	IX 458	55・4・264
3・10	民三	708	不答	638・109	解説付	IX 379	55・11・153
3・23	民二	700	不達	628・139			
3・29	民三	782	不知	632・155	解説付	IX 381	55・5・128
3・31	民四	802	商達	635・94	解説付	IX 463	55・5・133
3・31	民四	804	商達	634・129	解説付	IX 480	55・4・275
3・31	民四	805	商知	634・133	解説付	IX 482	55・4・279
3・31	民四	806	商達	634・139	解説付	IX 482	55・4・282
3・31	民三	828	不達	636・155		IX 382	55・9・152
3・31	民三	839	不達	637・125	解説付	IX 383	55・11・157
3・31	民四	843	供達	635・122	解説付		55・5・164
4・3	民三	883	不答	638・112	解説付	IX 399	55・11・189
5・1	民三	1104	不依知	636・156		IX 401	55・9・153
5・12	民三	1161	不依知	636・158		IX 404	55・9・156
6・23	民三	1452	不依知	636・162		IX 408	55・9・160
6・29	民四	1486	商知	638・120	解説付	IX 484	55・10・129
6・30	民三	1682	不依知	636・164		IX 411	55・9・164
6・30	民四	1530	供達				55・10・165
7・3	民四	2038	供達	638・151			55・9・179
9・29	民四	2274	商達	640・132 解説　640・77、642・1		IX 489	56・1・231
10・3	民三	2253	不達	639・147		IX 423	55・11・195
10・13	民四	2310	商知	638・148	解説付	IX 507	55・10・162
10・23	民三	2397	不依知	638・117		IX 425	55・11・197

月　日	番号	区別	登記研究	先例集	民事月報
11・6　民四	2518	商達	640・147　解説付	Ⅸ508	56・1・247
11・6　民四	2519	商知	639・149　解説付	Ⅸ510	55・11・201
11・28　民四	2667	商知	642・113　解説付	Ⅸ515	56・1・264
11・29　民四	2665	商依知	642・169	Ⅸ522	56・1・329
11・29　民三	2675	不依知	640・123	Ⅸ428	56・1・221
11・29　民四	2679	商知	642・133　解説付	Ⅸ522	56・1・287
11・29　民三	2682	不達	663・139	Ⅸ438	58・1・238
12・27　民四	2906	供達	643・173		56・1・342
12・27　民四	2914	商知	643・160	Ⅸ536	56・1・330

平成13年

月　日	番号	区別	登記研究	先例集	民事月報
1・4　民四	1	商達	643・161	Ⅸ539	56・1・331
1・11　民商	35	商達	643・162		56・1・332
1・19　民商	126	供達	643・175		56・2・124
2・16　民二	444	不達	663・115	Ⅸ445	58・1・242
2・16　民二	445	不達	663・132	Ⅸ465	58・1・257
2・16　民二	450	不依知	641・155	Ⅸ474	56・2・121
3・1　民商	599	商達	644・211　解説　644・29	Ⅸ541	56・5・252
3・2　民二	616	不依知	641・157	Ⅸ477	56・3・77
3・8　民商	660	商達	647・141　解説付	Ⅸ568	56・5・275
3・8　民二	664	不依知	641・160	Ⅸ482	56・3・82
3・12　民商	683	商知	643・171　解説付	Ⅸ583	56・3・101
3・16　民二	751	不依知	641・168	Ⅸ499	56・3・98
3・21　民二	749	不依知	642・111　解説　643・159	Ⅸ501	56・4・325
3・22　民商	761	商達	652・142	Ⅸ583	56・12・120
3・23　民商	768	商達	647・163　解説付	Ⅸ585	56・5・299
3・23　民商	771	商達	652・143	Ⅸ595	56・12・121

月　日		番号	区別	登記研究		先例集	民事月報
3・27	民二	828	不達	652・129	解説付	IX 503	56・12・111
3・30	民二	858	不達	653・143	解説付	IX 504	57・1・109
3・30	民二	867	不達	653・156		IX 517	57・5・498
3・30	民二	870	不達	644・191		IX 522	56・5・236
3・30	民二	874	不答	644・195	解説付	IX 528	56・5・240
4・2	民二	880	不答	644・199	解説付	IX 529	56・5・246
4・17	民二	1066	不依知	644・204		IX 530	56・6・223
4・19	民商	1091	商知	646・158	解説付	IX 615	56・5・320
5・14	民二	1286	不商依知	646・139		IX 538	56・9・97
5・14	民二	1289	不依知	646・148		IX 547	56・9・112
5・18	民二	1330	不依知	646・158		IX 558	56・9・107
6・1	民商	1436	供知	652・159			56・7・180
6・20	民商	1566	商知	652・137	解説付	IX 616	56・10・133
6・21	民二	1567	不依知			IX 563	56・11・272
8・3	民二	1853	不達	663・143		IX 564	58・1・265
8・28	民二	2067	不依知	652・131		IX 569	56・12・113
9・10	民二	2183	不依知	652・135		IX 574	56・12・117
9・12	民商	2185	商達	648・177 解説　648・111		IX 620	56・11・274
9・12	民商	2186	商達	648・194		IX 641	56・11・291
9・12	民商	2187	商知	648・195		IX 643	56・11・293
11・26	民二	2940	不商依知	655・133		IX 576	57・4・199
11・26	民二	2942	不商依知	655・144		IX 587	57・4・210
12・12	民商	3014	商知	655・162		IX 643	57・3・113
12・25	民商	3126	商知	653・160	解説付	IX 653	57・2・113

平成14年

月　日		番号	区別	登記研究	先例集	民事月報
1・15	民商	85	商達	651・127	IX 655	57・2・115

月　日	番号	区別	登記研究	先例集	民事月報
1・29 民商	248	商知	655・169	Ⅸ731	57・3・120
1・30 民商	265	商依知	665・153	Ⅹ561	58・4・283
2・7 民二	334	不依知	655・131	Ⅸ597	57・4・219
2・14 民二	426	不依知	655・153	Ⅸ598	57・4・221
2・19 民二	493	不依知	655・156	Ⅸ602	57・4・223
2・28 民二	569	不依知	655・132	Ⅸ608	57・4・229
3・4 民商	581	商達	655・172　解説付	Ⅸ734	57・4・232
3・20 民商	688	商知	655・175	Ⅸ737	57・4・235
3・25 民商	716	商知	659・147　解説付	Ⅸ738	57・8・224
3・25 民商	717	商知	663・157　解説付	Ⅸ744	57・5・506
3・29 民商	723	商達	657・189	Ⅹ562	57・9・213
3・29 民商	724	商達	657・192 解説 657・145、658・119	Ⅹ563	57・9・216
3・29 民商	725	商依知	657・228 解説 657・145、658・119	Ⅹ607	57・9・259
3・29 民商	726	商達	657・229 解説 661・175	Ⅹ607	57・9・260
3・29 民商	802	供達	667・174		57・8・269
3・29 民商	803	供依知	667・175		57・8・270
4・5 民商	880	商依知	659・162	Ⅹ1	57・6・137
4・5 民二	893	不依知	659・137	Ⅹ1	57・8・214
4・25 民商	1049	商達	658・194	Ⅹ3	57・9・289
4・25 民商	1066	商達	658・173	Ⅹ7	57・9・262
4・25 民商	1067	商達	658・175 解説 658・119	Ⅹ7	57・9・265
4・25 民商	1068	商依知	658・193 解説 658・119	Ⅹ28	57・9・288
5・20 民商	1229	商知	658・200　解説付	Ⅹ29	57・9・298

平成14年

月　日		番号	区別	登記研究	先例集	民事月報
5・30	民二	1310	不依知	679・157	X 4	59・7・231
6・5	民二	1357	不依知	659・140	X 4	57・8・219
6・10	民商	1408	商知	666・195　解説付	X 30	58・2・191
7・8	民商	1647	商達	664・129	X 31	57・8・251
7・8	民商	1648	商依知	664・142	X 43	57・8・266
7・9	民商	1657	供達	667・177		57・9・327
7・15	民二	1723	不依知	659・143	X 8	57・9・207
7・24	民二	1796	不達	663・147	X 12	58・2・141
7・26	民二 民商	1810	不商達			58・2・146
7・26	民二 民商	1811	不商依知			58・2・149
7・30	民商	1832	商知	658・202　解説付	X 45	57・9・300
7・31	民商	1839	商達	656・241 解説　661・175	X 45	57・9・302
7・31	民商	1840	商達	656・242 解説　661・175	X 47	57・9・303
7・31	民商	1841	商依知	656・244 解説　661・175	X 49	57・9・306
8・13	民商	1921	商知	664・144	X 70	57・10・213
8・14	民商	1960	商知	658・203	X 72	57・9・326
8・28	民商	2037	商知	664・146	X 73	57・10・218
8・30	民商	1909	商達	664・148	X 75	57・10・220
8・30	民商	1910	商達	664・149	X 76	57・10・224
10・7	民商	2365	商知	664・150　解説付	X 77	57・11・201
10・18	民二	2474	不依知	671・189　解説付	X 16	58・11・189
10・29	民二	2551	不依知	663・151	X 28	58・2・157
11・5	民二	2617	不依知	663・152	X 29	57・12・164
11・18	民商	2702	商達	664・152　解説付	X 78	58・1・270

月　日	番号	区別	登記研究	先例集	民事月報
11・19　民二	2738	不依知	664・117	X 35	58・3・245
11・19　民二	2740	不依知	664・122	X 40	58・3・252
11・22　民商	2758	供知	667・178		58・2・203
12・13　民商	2968	商知	666・198	X 79	58・2・196
12・16　民商	2989	商知	666・199　解説付	X 80	58・2・200
12・18　民商	3045	商知	662・171　解説付	X 81	58・3・266
12・25　民商	3231	商知	662・173　解説付	X 83	58・3・270
12・25　民二	3214	不知	664・115　解説付	X 47	58・4・271
12・27　民商	3238	商達	662・181	X 84	
12・27　民商	3239	商達	662・183 解説　671・87	X 85	

平成15年

月　日	番号	区別	登記研究	先例集	民事月報
1・6　民商	1	供達	668・162		58・5・290
1・6　民商	2	供達	668・190		58・5・320
1・6　民商	3	供達	668・211		58・5・343
1・10　民商	86	商達	662・239	X 153	58・4・274
1・15　民二	119	不依知	664・129	X 49	58・3・261
1・21　民商	190	商知	662・252 解説　666・201	X 157	58・6・312
1・27　民二	260	不達	667・151　解説付	X 52	58・6・279
1・29　民商	272	商知	662・264	X 173	58・3・279
1・31　民二	291	不依知	665・147	X 58	58・5・282
2・5　民二	341	不知	664・115	X 61	58・3・266
2・12　民二	406	不達	665・149	X 61	58・5・286
2・18　民商	467	商依知	668・44　解説付	X 174	58・7・292
2・20　民商	513	商知	665・154	X 175	58・4・284
2・21　民商	535	商知	665・159　解説付	X 181	58・4・290
2・27　民二	601	不知	667・164　解説付	X 61	58・6・293

月　日		番号	区別	登記研究		先例集	民事月報
3・3	民商	631	供達	668・248	解説付		58・5・382
3・26	民商	875	供達	668・250			58・5・385
3・26	民二	873	不依知	667・166		X62	58・6・295
3・27	民二	889	不依知	667・170		X68	58・6・303
3・31	民商	936	商達	668・56 解説　670・59		X181	58・7・308
3・31	民二	940	不達	687・205		X70	59・12・298
4・1	民商	891	商知	668・142	解説付	X226	58・7・406
4・1	民二	1022	不達	670・149 解説　670・47		X90	58・10・285
4・7	民二	1049	不依知	667・172		X92	58・6・308
4・9	民商	1079	商知	664・161 解説　665・150		X236	58・5・287
4・9	民商	1082	商知	670・156	解説付	X236	58・9・181
4・10	民商	964	商知	668・93		X256	58・7・350
4・16	民二	1164	不依知	668・29		X94	58・7・269
4・16	民二	1166	不商依知	668・32		X 97・ 316	58・7・274
4・17	民商	1175	供達	676・120			59・2・298
4・18	民商	1197	商知	669・157	解説付	X322	58・9・256
4・22	民商	1223	商知	668・141	解説付	X323	58・7・403
4・22	民二	1222	不依知	668・37		X102	58・7・281
5・6	民商	1405	商知	668・47	解説付	X324	58・7・295
5・6	民二	1407	不依知	668・40		X105	58・7・286
5・14	民商	1467	商知	668・54		X327	58・7・304
5・21	民二	1533	不依知	669・153		X109	58・8・169
5・28	民商	1590	商達	669・160	解説付	X327	58・9・262
5・28	民商	1604	商知	668・55	解説付	X332	58・7・307

月　日	番号	区別	登記研究	先例集	民事月報
5・30	民商 1609	商達	672・152 解説　672・83	X 332	58・12・288
6・6	民商 1650	商知	669・169	X 336	58・9・277
6・20	民商 1790	商達	669・193　　解説付	X 364	58・9・314
6・30	民商 1871	商知	669・198　　解説付	X 366	58・6・175
7・2	民二 1885	不商依知	670・151	X 113・ 367	58・10・297
7・16	民商 2015	商知	669・199　　解説付	X 372	58・9・319
7・30	民商 2139	商知	669・200	X 372	58・9・321
8・8	民商 2223	商知	670・187　　解説付	X 379	58・10・304
8・18	民商 2291	商知	670・195	X 383	58・10・313
9・8	民二 2522	不達	679・107 解説　679・67	X 118	
9・18	民商 2803	供達	676・133		59・2・312
9・18	民商 2804	供達	676・140		59・2・320
10・23	民二 3162	不依知	672・149	X 160	58・12・283
10・31	民二 3247	不依知	679・143	X 164	
11・4	民二 3306	不依知	673・153	X 181	59・1・264
11・7	民商 3320	商知	672・156　　解説付	X 387	58・12・291
11・19	民二 3455	不依知	673・168	X 186	59・1・272
11・27	民二 3501	不依知	673・157	X 189	59・1・278
12・1	民二 3543	不依知	673・158	X 191	59・1・282
12・3	民商 3595	商知	673・174　　解説付	X 387	59・1・305
12・4	民二 3603	不達	673・171	X 203	59・1・299
12・4	民二 3605	不依知	674・103	X 207	59・2・280
12・9	民二 3641	不知	688・181	X 212	60・2・261
12・11	民二 3662	不依知	674・108	X 222	59・2・287
12・12	民商 3674	供知	676・177　　解説付		59・3・161

月　日	番号	区別	登記研究	先例集	民事月報
12・15　民二	3697	不達	674・101	X 228	59・2・294
12・17　民二	3709	不依知	675・89	X 231	59・3・112
12・22　民商	3773	商知	675・116　解説付	X 388	59・3・155
12・24　民二	3797	不依知	675・97	X 239	59・3・127
12・25　民二	3817	不達	675・105 解説　677・83	X 248	59・3・141

平成16年

月　日	番号	区別	登記研究	先例集	民事月報
1・15　民商	84	商知	675・119　解説付	X 391	59・3・159
1・21　民二	146	不知	675・109　解説付	X 253	59・3・146
2・16　民二	426	不依知	675・111	X 254	59・3・148
2・23　民二	482	不依知	676・108	X 259	59・4・209
2・23　民二	492	不知	676・97　解説付	X 264	59・4・216
2・25　民商	551	供達	677・172		59・4・240
2・27　民商	563	商知	678・150　解説付	X 391	59・6・289
2・27　民二	566	不依知	676・100	X 264	59・4・220
3・2　民商	607	商知	676・118　解説付	X 397	59・4・238
3・2　民商	609	供知	677・176　解説付		59・5・334
3・5　民二	646	不依知	677・142	X 273	59・5・278
3・15　民二	731	不知	681・95　解説付	X 275	59・9・89
3・15　民二	736	不依知	676・113	X 276	59・4・231
3・17　民商	752	商知			59・5・326
3・19　民商	782	供達	677・178		59・5・339
3・19　民二	785	不達	688・190　解説付	X 282	60・2・234
3・22　民商	796	商知			59・5・330
3・25　民二	864	不達	677・139 解説　677・83	X 294	59・5・274
3・31　民二	940	不依知	677・143	X 298	59・5・282
3・31　民二	949	不依知	678・139	X 301	59・6・269

月　日	番号	区別	登記研究	先例集	民事月報
3・31	民商　952	商達	677・146 解説　678・1	X 398	59・5・288
3・31	民商　953	商達	677・167 解説　677・1	X 422	59・5・319
3・31	民商　954	商知	677・168 解説　678・1	X 422	59・5・322
4・7	民二　1150	不依知	690・191	X 303	60・3・193
4・8	民二　1162	不達	681・96　　解説付	X 308	59・8・287
4・13	民商　1181	商知	678・160　　解説付	X 426	59・6・298
4・19	民二　1213	不依知	678・141	X 310	59・6・273
4・28	民商　1325	商知	681・131	X 427	59・8・339
4・28	民商　1341	商達	678・162	X 431	59・6・300
5・6	民二　1374	不依知	678・144	X 313	59・6・279
6・18	民商　1766	商知	681・134　　解説付	X 448	59・8・371
6・21	民商　1782	商知	681・136	X 449	59・8・341
6・29	民二　1862	不依知	681・99	X 321	59・8・289
6・29	民二　1863	不依知	681・115	X 339	59・8・314
6・30	民二　1868	不依知	681・126	X 352	59・8・332
6・30	民二　1870	不達	705・111	X 358	60・1・367
6・30	民二　1871	不依知	705・115	X 362	60・1・376
7・1	民商　1877	商達			59・8・346
7・12	民商　1906	商達	681・142	X 455	59・8・371
7・16	民商　2013	商知	681・142　　解説付	X 456	59・9・93
7・20	民商　2061	商依知	681・171　　解説付	X 473	59・9・128
7・26	民商　2075	商知	681・173	X 474	59・9・131
7・26	民商　2083	商知	681・186	X 487	59・9・143
8・10	民二　2224	不依知	682・147	X 365	59・10・99
9・17	民二　2553	不依知	682・149	X 368	59・10・103

月　日	番号	区別	登記研究		先例集	民事月報
9・24	民商 2629	商達	683・75	解説付	X 491	59・11・176
9・27	民二 2649	不依知	687・222		X 373	60・1・379
10・20	民二 2889	不商依知	685・213		X 387	59・12・315
10・28	民二 2980	不答	687・236	解説付	X 400	59・12・325
11・24	民商 3297	商知	685・224		X 513	60・1・407
12・16	民商 3495	商達	686・367	解説付	X 514	60・2・309
12・16	民二 3554	不達	687・261		X 424	60・2・279
12・16	民商 3556	供達	689・220			60・3・412
12・24	民二 3669	不依知	688・213		X 454	60・3・351

平成17年

月　日	番号	区別	登記研究		先例集	民事月報
1・4	民二 11	不依知	688・221		X 463	60・3・366
1・26	民商 192	商達	688・231		X 535	60・3・385
2・7	民商 321	供達	689・222			60・3・415
2・22	民商 471	商知	691・188	解説付	X 560	60・4・201
2・25	民二 456	不達	686・235		X 474	
2・25	民二 457	不達	686・344		X 596	
3・1	民商 543	供達	689・251			60・4・204
3・1	民商 544	供達	689・258			60・4・212
3・2	民商 500	商達	689・151		XI 1	60・6・228
3・2	民商 501	商達	689・178		XI 34	60・6・325
3・2	民商 502	商達	689・186	解説付	XI 44	60・6・335
3・2	民二 582	不達	705・118		XI 1	61・9・265
3・3	民商 496	商知	691・191	解説付	XI 53	60・6・346
3・4	民商 612	商達	715・106		XI 62	60・4・238
3・16	民商 721	供達	692・147			60・5・498
3・18	民商 741	商達	689・195		XI 83	60・6・354
3・18	民商 742	商達	689・220		XI 111	60・6・390

月　日	番号	区別	登記研究	先例集	民事月報
3・18	民商 743	商知	690・209	XI 111	60・5・490
3・24	民商 759	商知	695・97　解説付	XI 113	60・10・207
3・31	民二 851	不達	690・196	XI 17	60・5・479
3・31	民商 854	商達	715・124	XI 123	60・6・392
3・31	民商 855	商達	715・189	XI 126	60・5・493
3・31	民商 856	供達			60・5・500
4・4	民商 944	供達	692・148		60・5・505
4・4	民商 945	商知	695・117　解説付	XI 131	60・10・232
4・18	民二 1009	不達	690・202	XI 23	60・6・219
5・27	民商 1259	供達	692・161		60・7・265
6・2	民二 1283	不達	691・187	XI 31	60・7・251
6・23	民二 1423	不知	691・187	XI 31	60・7・253
6・28	民二 1449	不達	715・1	XI 32	61・5・81
7・26	民二 1665	不達	693・165　解説付	XI 36	60・9・240
7・28	民二 1690	不知	695・93　解説付	XI 37	60・10・200
7・29	民商 1713	商達			60・9・247
8・8	民二 1811	不知	700・119	XI 37	61・5・86
8・15	民二 1812	不達	693・169	XI 38	60・9・245
9・1	民二 1976	不知	697・189　解説付	XI 40	61・1・263
9・30	民商 2289	商達	701・142	XI 166	61・2・321
9・30	民商 2290	商達	711・91	XI 167	61・2・368
9・30	民商 2291	商達	711・119	XI 196	61・2・396
10・14	民二 2408	不依知	706・103	XI 51	60・11・177
11・9	民二 2598	不知	697・199　解説付	XI 61	61・1・283
11・25	民二 2703	不依知	699・159	XI 70	61・1・305
12・5	民商 2738	商知	715・127	XI 239	61・2・322
12・6	民二 2760	不達	696・197	XI 76	61・1・312

月　日		番号	区別	登記研究		先例集	民事月報
12・12	民二	2816	不依知	702・127		XI 152	61・1・412
12・13	民二	2825	不依知	707・123	解説付	XI 156	61・2・279
12・22	民二	2904	不達	701・119		XI 176	61・2・305
12・26	民二	2892	不知	715・6		XI 176	61・2・306

平成18年

月　日		番号	区別	登記研究		先例集	民事月報
1・6	会訓	16	不訓令	715・9		XI 181	61・3・423
1・6	民二	27	不依知	699・149	解説付	XI 182	61・2・309
1・6	民二	33	不達	705・142		XI 186	61・3・425
1・18	民二	101	不知	701・120	解説付	XI 207	61・3・445
1・19	民商	103	商達	715・128		XI 241	61・2・324
1・20	民商	136	商知	696・264	解説付	XI 281	61・2・364
1・30	民二	211	不依知	701・126			61・3・454
1・30	民二	212	不依知	702・131		XI 212	61・3・460
2・16	民二	415	不知	701・131	解説付	XI 221	61・4・107
2・28	民二	523	不知	701・137		XI 224	61・4・116
3・15	民二	657	不知	715・10		XI 224	61・4・119
3・16	民商	676	商知	699・165	解説付	XI 281	61・4・155
3・24	民商	720	供達	708・152			61・5・337
3・29	民二	755	不達	700・119	解説付	XI 258	61・5・89
3・29	民二	759	不依知	701・137		XI 264	61・5・104
3・29	民二	762	不知	709・187		XI 268	61・5・109
3・31	民商	782	商達	698・73		XI 286	61・5・129
4・3	民二	799	不依知	720・81		XI 270	62・10・185
4・3	民商	802	商知	715・165		XI 507	61・5・329
4・5	民商	873	商知	715・168	解説付	XI 509	61・5・332
4・6	民二	951	不知	701・141		XI 273	61・5・116
4・19	民二	1034	不依知	706・113		XI 273	61・5・118

月　日	番号	区別	登記研究	先例集	民事月報
4・26　民商	1110	商依知	700・135、701・143、702・141、706・141	XI 510	
4・28　民商	1139	商達	700・133	XI 510	61・5・327
4・28　民商	1140	商達	703・89	XI 512	
5・25　民二	1277	不知	705・162	XI 283	61・7・81
5・29　民商	1286	供達	715・193		62・1・131
6・5　民二	1329	不依知	706・122	XI 283	61・7・82
6・22　民二	1427	不知	715・45	XI 294	62・1・123
7・4　民二	1496	不依知	707・145	XI 300	61・8・167
7・26　民二	1722	不知	705・162	XI 338	61・9・291
8・1　民二	1761	不商依知	706・133	XI 338	61・9・294
8・25　民商	1999	商知	715・169　解説付	XI 721	61・10・95
9・20　民二	2212	不知	710・85	XI 347	62・3・195
9・28　民二	2258	不商依知	715・90	XI 354・724	61・11・118
9・28　民二	2260	不依知	709・190	XI 361	61・11・126
10・26　民二	2475	不依知	715・96	XI 362	61・12・81
11・6　民二	2519	不商依知	715・99	XI 365・730	61・12・86
12・20　民二	2854	不知	715・51	XI 372	62・2・189
12・22　民商	2850	供達	715・205　解説付		62・1・143

平成19年

月　日	番号	区別	登記研究	先例集	民事月報
1・11　民商	31	商知	715・173　解説付	XII 1	62・2・207
1・12　民二	52	不知	708・141　解説付	XII 1	62・2・193
1・17　民商	91	商達	710・92　解説付	XII 2	62・3・203
2・23　民商	451	商知	714・132	XII 3	62・4・205
3・5　民商	516	商知	714・136	XII 7	62・4・211
3・12　民商	566	商知	714・144	XII 16	62・4・220

月　日		番号	区別	登記研究		先例集	民事月報
3・28	民商	782	商知	715・177		XII 19	62・5・269
3・28	民二	784	不依知	714・117		XII 4	62・5・142
3・28	民二	786	不依知	714・120		XII 7	62・5・147
3・28	民二	788	不知	713・111		XII 9	62・5・151
3・29	民二	795	不依知	715・53		XII 44	62・5・217
3・30	民商	811	商知	715・185		XII 28	62・5・278
4・2	民二	821	不依知	714・122		XII 70	62・5・257
4・13	民二	896	不依知	717・53	解説付	XII 76	62・6・166
4・25	民商	971	商達	712・171	解説付	XII 33	62・6・194
5・17	民二訓	1081	不訓令	717・72		XII 89	62・6・188
5・17	民二訓	1082	不訓令	717・75		XII 92	62・6・191
5・30	民二	1177	不依知	717・78		XII 95	62・7・139
5・31	民二	1183	不依知	717・103		XII 110	62・7・166
6・13	民商	1060	商知	722・115		XII 42	62・11・176
6・25	民二	1324	不依知	717・105		XII 112	62・8・166
7・13	民商	1428	商知	719・151		XII 46	62・8・196
7・17	民二	1435	不依知	719・141		XII 120	62・8・189
7・19	民二	1459	不知	723・149		XII 124	63・3・79
8・8	民二	1616	不依知	719・131		XII 133	62・9・143
8・10	民二 民商	1633	不商依知	719・146		XII 139・47	62・9・155
8・20	民商	1680	商達	718・65		XII 52	62・9・169
8・29	民商	1753	商知	716・116	解説付	XII 112	62・9・164
9・7	民商	1823	商達	723・159		XII 113	62・12・137
9・18	民商	1900	供達	721・150			62・10・224
9・19	民二	1949	不依知	720・84	解説付	XII 144	62・10・188
9・19	民商	1959	商知	720・126		XII 114	62・11・181

月　日		番号	区別	登記研究		先例集	民事月報
9・19	民商	1961	商達	719・151		XII 120	62・10・222
9・20	民商	1964	商達	722・119		XII 120	62・11・187
9・25	民商	2045	供知	724・53			62・10・241
9・26	民二	2054	不依知	721・139		XII 156	62・10・217
9・26	民商	2063	商知	723・160		XII 133	62・11・200
9・28	民二	2047	不達	716・71		XII 158	62・11・116
9・28	民二	2048	不達	716・72		XII 159	62・11・118
9・28	民二	2049	不達	716・115		XII 190	62・11・161
10・2	民二	2114	不依知	722・99		XII 191	62・11・163
10・15	民二	2205	不知	720・110	解説付	XII 197	62・11・170
11・7	民商	2405	商知	719・152	解説付	XII 138	62・12・127
11・12	民商	2451	商知	719・154	解説付	XII 139	62・12・132
12・3	民商	2584	商知	719・156	解説付	XII 140	63・1・135
12・3	民商	2586	商知	719・158	解説付	XII 141	63・1・139
12・12	民二	2693	不依知	721・142		XII 197	63・2・151
12・14	民商	2722	商知	719・159		XII 142	63・1・143
12・18	民商	2738	商知	719・164	解説付	XII 147	63・1・151
12・28	民二	2828	不達	721・146		XII 201	63・3・88

平成20年

月　日		番号	区別	登記研究		先例集	民事月報
1・11	民二	57	不達	720・112		XII 207	63・2・158
1・11	民二	58	不達	720・122		XII 218	63・2・168
1・24	民二	302	不依知	722・105		XII 219	63・2・172
1・25	民商	307	商知	724・51	解説付	XII 149	63・3・96
2・12	民商	530	商知	722・113	解説付	XII 149	63・3・101
2・18	民商	631	供達	724・57			63・3・105
2・20	民商	641	供達	722・131			63・3・108
2・20	民商	642	供達	722・159			63・3・115

平成20年

月　日	番号	区別	登記研究		先例集	民事月報
2・20	民二　653	不知	723・156		Ⅻ226	63・3・92
2・22	民商　674	商達	726・127		Ⅻ150	63・4・151
2・27	民二　744	不知	724・49		Ⅻ228	63・4・145
2・29	民二　761	不知	724・49		Ⅻ228	63・4・146
3・5	民商　774	商達	726・130		Ⅻ151	63・4・154
3・17	民商　915	供達	738・151			63・4・170
3・19	民二　950	不知	725・127		Ⅻ230	63・4・148
3・21	民商　990	商知	725・131	解説付	Ⅻ159	63・4・164
3・21	民商　1008	商知	732・96		Ⅻ161	63・11・172
3・21	民商　1009	商達	726・138		Ⅻ185	63・5・257
3・25	民商　1027	商知	732・118		Ⅻ185	63・11・194
3・27	民商　1074	商依知	725・134		Ⅻ193	63・5・257
4・7	民商　1179	供知	726・139	解説付		63・5・258
4・25	民商　1150	商達	737・167		Ⅻ194	63・7・196
6・12	民商　1667	供達	727・121	解説付		63・8・125
6・20	民二　1738	不知	725・127	解説付	Ⅻ231	63・9・119
6・25	民商　1774	商知	727・119	解説付	Ⅻ195	63・8・132
7・17	民商　1962	商知	729・113	解説付	Ⅻ196	63・9・125
8・1	民商　1991	商依知	728・224	解説付	Ⅻ198	63・9・131
8・18	民二　2232	不依知	734・57		Ⅻ232	63・10・69
8・25	民商　2307	商知	730・145	解説付	Ⅻ198	63・10・119
9・1	民商　2054	商達	729・116		Ⅻ199	63・10・232
9・1	民商　2351	商達	728・129		Ⅻ221	63・10・124
9・12	民二　2473	不依知	730・141		Ⅻ258	63・10・113
9・19	民二　2500	不依知	731・135		Ⅻ262	63・11・78
9・22	民商　2529	商依知	741・76		Ⅻ340	63・11・202
9・24	民二　2550	不知	731・146		Ⅻ272	63・11・91

月　日	番号		区別	登記研究		先例集	民事月報
9・30	民二	2633	不依知	734・100		XII 279	63・11・100
9・30	民商	2665	商知	731・153	解説付	XII 340	63・11・282
10・2	民商	2654	商知	731・154	解説付	XII 341	63・11・286
10・16	民商	2764	商知	731・157	解説付	XII 341	63・11・292
10・28	民二	2861	不知	733・141	解説付	XII 318	63・12・117
11・21	民商	3037	商知	732・125	解説付	XII 345	64・1・270
11・26	民二	3042	不達	732・85		XII 319	64・1・257
12・1	民二	3071	不依知				64・3・171
12・2	民二	3103	不依知	732・91		XII 325	64・1・263
12・17	民商	3258	商知	737・153		XII 345	64・2・137
12・18	民商	3268	商知	733・145	解説付	XII 355	64・2・146
12・19	民商	3279	商達	733・147	解説付	XII 355	64・2・151

平成21年

月　日	番号		区別	登記研究		先例集	民事月報
1・5	民商	4	商達				64・2・158
1・7	民商	34	商知	738・169		XII 359	64・3・181
1・14	民二	76	不知	737・131		XII 331	64・5・207
3・6	民二	558	不依知	736・153		XII 334	64・4・135
3・12	民二民商	625	不商依知	738・140		XII 338	64・4・152
3・13	民二	646	不知	738・137		XII 344	64・4・221
3・16	民商	432	商達	735・121		XII 363	64・4・167
3・16	民商	433	商知	735・122	解説付	XII 363	64・4・167
3・17	民二民商	700	不商達	737・134		XII 347	64・5・227
3・17	民二民商	701	不商依知	737・136		XII 350	64・5・230
3・19	民二	714	不依知	736・156		XII 368	64・4・140
3・24	民二	747	不依知				64・5・247

月　日	番号		区別	登記研究		先例集	民事月報
3 ・27	民商	765	商達	737・162	解説付	ⅩⅡ365	64・5 ・254
5 ・13	民商	1160	供達	739・128			64・6 ・86
5 ・20	民二	1225	不依頼	740・97		ⅩⅡ377	64・11・121
6 ・16	民二 民商	1440	不商依知	739・119		ⅩⅡ379	64・7 ・113
6 ・18	民二	1485	不依知	739・85		ⅩⅡ383	64・7 ・77
6 ・22	民商	1471	商知	740・99		ⅩⅡ367	64・7 ・126
6 ・22	民二 民商	1492	不商依知	739・123		ⅩⅡ400	64・7 ・119
7 ・3	民二	1636	不達	739・117		ⅩⅡ405	64・8 ・90
7 ・16	民商	1679	商知	740・135	解説付	ⅩⅡ408	64・8 ・93
7 ・31	民商	1842	商知	742・147		ⅩⅡ409	64・9 ・65
9 ・11	民二	2146	不依知	743・79		ⅩⅡ405	64・10・76
9 ・25	民二	2275	不依知	741・73		ⅩⅡ414	64・10・92
9 ・29	民商	2300	供達	743・98			64・11・133
11・2	民二	2641	不依知	744・75		ⅩⅡ417	64・12・89
11・4	民二 民商	2652	不商依知	743・93		ⅩⅡ418	64・12・92
12・1	民二	2853	不知	744・76	解説付	ⅩⅡ422	65・1 ・161
12・7	民二	2900	不依知	748・117		ⅩⅡ433	65・2 ・94
12・14	民商	2973	供依知	745・87			65・1 ・178
12・15	民二	2991	不依知	747・73		ⅩⅡ439	65・2 ・102
12・24	民商	3041	供依知	746・125			65・2 ・151

平成22年

月　日	番号		区別	登記研究		先例集	民事月報
1 ・21	民二	175	不依知	746・105			65・3 ・168
1 ・22	民二	177	不知	751・101			
1 ・29	民二 民商	240	不商知	749・111			65・4 ・273
2 ・18	民商	391	商達	748・123			65・3 ・190

月　日		番号	区別	登記研究		先例集	民事月報
3・24	民二	744	不依知	749・113			65・5・130
3・30	民商	830	供達	751・105			65・5・192
4・1	民商	711	商達	749・116			65・5・162
4・1	民二	874	不達	750・161			65・5・136
4・1	民二	890	不依知	750・168			65・5・144
4・2	民二	908	不知	750・178			65・5・157
4・21	民二	1039	不依知	752・135			65・6・202
4・27	民二 民商	1071	不依知				65・6・215
5・17	民総 民二	1151	不知				65・6・226
6・3	民商	1395	商依知	752・146			65・7・217
7・8	民商	1665	商依知	753・155			65・8・110
7・12	民商	1696	供達	753・164			65・8・119
7・16	民商	1719	商依知	753・159			65・8・144
7・27	民商	1804	商達	753・159			65・9・120
8・24	民二	2078	不知	755・137			65・10・72
10・8	民二	2528	不依知	755・141			65・11・134
10・12	民二	2558	不依知				65・11・143
11・1	民二	2759	不知	755・149			65・12・75
11・24	民商	2773	商知	758・145	解説付		66・1・206
11・24	民二	2949	不答	758・135	解説付		66・1・203
12・10	民商	3097	商知	759・73	解説付		66・2・84

平成23年

月　日		番号	区別	登記研究		先例集	民事月報
1・14	民二	91	不達	758・138			66・2・77
1・31	民総	238	不達				66・3・194
1・31	民二	239	不知				66・3・256
1・31	民商	240	商知				66・3・263

月　日		番号	区別	登記研究		先例集	民事月報
2・2	民商	260	商達	759・99			66・3・269
3・23	民二	728	不知				66・5・103
3・25	民二	644	不達	762・95			66・5・114
3・25	民二	767	不達	762・99			66・5・119
3・25	民二	768	不依知	762・104			66・5・124
3・25	民総 民二	769	不知				66・5・128
3・29	民商	805	商達	763・132			66・5・136
3・29	民商	806	商依知	763・136			66・5・140
4・1	民商	816	商知	763・139	解説付		66・6・115
4・14	民二 民商	962	不商達	763・125			66・5・129
4・28	民二	1082	不依知	762・108	解説付		66・6・80
5・13	民商	1101	商知	763・145			66・6・123
5・13	民二	1165	不達	762・134	解説付		66・6・106
5・26	民二	1292	不達				66・7・297
5・26	民商	1291	商達	765・125			66・7・300
6・2	民商	1268	商依知				66・7・301
6・30	民商	1554	商知	764・141	解説付		66・8・80
6・30	民商	1555	商知	765・126			66・8・88
7・1	民二	1570	不依知	764・133			66・8・70
7・11	民二	1643	不依知	764・138			66・8・75
7・11	民商	1656	供達	765・141	解説付		66・8・104
7・13	民商	1680	商達	765・139			66・8・102
7・22	民二	1753	不依知	766・171			66・9・109
8・4	民二 民商	1834	不商依知	768・119			66・9・113
8・4	民商	1836	商依知	768・138			66・9・134

月　日		番号	区別	登記研究	先例集	民事月報
9・21	民二	2239	不依知	770・117		66・11・115
9・22	民二	2269	不依知	770・123		66・11・122
9・26	民商	2271	商知	771・160		66・11・156
10・24	民二	2504	不依知	771・137　解説付		66・12・181
10・24	民二	2524	不依知	771・142		66・12・186
10・27	民二	2545	不依知	771・153		66・12・199
10・28	民二	2573	不依知	770・136		66・12・208
11・7	民二	2585	不達	770・140		66・12・214
11・21	民二	2789	不依知	773・171		67・1・200
11・24	民商	2824	供達	773・175		67・1・291
12・9	民二	2979	不依知	776・53		67・4・144
12・9	民二	2983	不依知	773・153		67・1・205
12・12	民二 民商	2993	不商依知	773・174		67・1・218
12・14	民商	3008	商依知	774・112		67・1・282
12・14	民二	3014	不依知	776・58		67・1・219
12・22	民二	3128	不依知	773・164		67・1・274
12・28	民商	3186	供達	775・103		67・2・227
12・28	民商	3187	供達	775・125		67・2・250

平成24年

月　日		番号	区別	登記研究	先例集	民事月報
1・6	民二	28	不依知	774・101		67・2・198
1・19	民商	137	商知	774・120　解説付		67・3・139
2・3	民商	298	商依知	774・123		67・2・211
3・8	民商	433	商達	775・77		67・4・158
3・8	民商	434	商依知	775・81		67・4・163
3・16	民二	700	不依知	777・89		67・5・221
3・16	民二	702	不依知	777・92		67・5・226

平成24年

月　日	番号	区別	登記研究		先例集	民事月報
3・22 民二	740	不知				67・5・232
3・22 民商	741	商知				67・5・280
3・26 民二	775	不依知	777・95			67・5・234
3・26 民二	781	不依知	777・61			67・5・236
3・28 民商	819	商知	778・104			67・5・282
3・28 民二	820	不依知	778・93			67・5・273
3・29 民商	845	供依	778・114	解説付		67・5・337
3・30 民二	853	不依知	778・95			67・5・275
3・30 民商	886	商達	777・111			67・5・298
3・30 民商	887	商達	778・111			67・5・312
4・2 民商	869	商依知	777・97			67・5・287
4・3 民商	898	商知	779・115	解説付		67・5・315
4・4 民二	904	不知	775・75			67・5・278
4・26 民二	1085	不知	776・114	解説付		67・6・55
4・27 民商	1094	商達	776・127			67・5・321
4・27 民商	1095	商依知				67・5・336
4・27 民二	1106	不知	776・123	解説付		67・4・151
4・27 民二	1108	不知	778・96			67・7・92
4・27 民二	1110	不知	778・101			67・7・100
5・17 民商	1257	商達	780・109			67・8・77
5・17 民商	1258	商依知	780・111			67・8・79
5・31 民二	1374	不依知	777・106			67・7・104
6・15 民二	1498	不依知	778・108			67・7・111
6・28 民商	1597	供達	777・125			67・7・116
6・29 民商	1602	商達	780・112	解説付		67・8・80
7・25 民二	1906	不知	784・139	解説付		67・11・105
9・3 民二	2284	不依知	782・130			67・10・82

月　日	番号	区別	登記研究	先例集	民事月報
11・15　民二	3111	不知	782・125		67・12・146
12・13　民商	3477	商知	783・119　解説付		68・1・186
12・14　民二	3486	不達	782・126　解説付		68・2・136
12・28　民商	3619	商知	783・124　解説付		68・1・194

平成25年

月　日	番号	区別	登記研究	先例集	民事月報
1・8　民二	2	不依知	782・128		68・2・138
1・11　民商	7	供達	790・102		68・6・109
1・31　民二	59	不知	781・127		68・3・619
1・31　民二	61	不知	781・134		68・3・626
2・19　民二	97	不知	784・143		68・5・173
3・26　民商	38	商達	790・97		68・7・220
3・28　民二	252	不依知	786・120		68・5・177
4・8　民二	265	不依知	786・115		68・5・179
4・12　民二	268	不依知	786・122		68・5・185
4・23　民二	276	不依知	789・105		68・5・190
6・5　民二	309	不依知	790・79		68・6・94
6・28　民二	326	不依知	790・92		68・7・212
8・16　民二	363	不知	795・109		68・9・89
8・20　民二	364	不達	793・125		68・9・94
9・13　民二	384	不達	795・113		68・10・41
9・20　民商	78	供知	793・136		68・12・78
10・11　民商	87	商依知	797・97		68・11・59
12・11　民商	98	商知	796・121　解説付		69・1・118
12・11　民商	108	供達	797・125		69・1・124
12・11　民二	781	不達	791・229		69・1・115
12・12　民二	809	不知			69・2・120
12・24　民二	846	不依知	795・118		69・2・124

月　日	番号	区別	登記研究	先例集	民事月報
平成26年					
1・16　民二	48	不商依知	794・117		69・3・75
1・17　民商	1	商知	802・87　解説付		69・4・218
1・17　民商	3	商依知	802・134		69・4・252
3・3　民商	15	商達	800・111		69・7・111
3・5　民商	19	商知	797・105		69・5・265
3・6　民二	186	不商依知	802・151		69・4・146
3・11　民二	193	不達	798・111		69・4・173
3・12　民二	195	不知	798・116		69・4・178
3・31　民商	33	商知	802・121		69・5・284
4・1　民二	237	不商依知	803・126		69・5・239
4・3　民二	244	不依知	805・169		69・5・254
4・24　民二	265	不依知	798・156		69・6・113
5・9　民商	39	供達	809・157		69・6・129
5・9　民商	40	供達	809・158　解説付		69・6・132
5・9　民二	272	不商依知	805・178		69・6・118
5・16　民商	44	商依知	809・144　解説付		69・7・102
5・23　民商	49	商達	798・159		69・6・122
5・30　民二	304	不依知	803・111		69・7・97
6・11　民二	310	不依知	803・115		69・8・294
7・4　民二	326	不依知	805・180		69・8・307
7・14　民二	334	不依知	809・135		69・8・314
8・15　民二	355	不依知	805・185		69・10・51
9・18　民二	387	不達	810・209		69・9・120
10・14　民二	518	不依知	805・188		69・11・73
11・21　民商	103	商知	809・151　解説付		70・2・222
11・27　民二	739	不依知	809・138		70・1・185

月　日	番号	区別	登記研究	先例集	民事月報
12・18　民二	844	不依知	809・141		70・2・162
12・22　民商	128	商達	806・107　解説付		70・2・229
12・22　民二	849	不達	810・163　解説付		70・2・167
12・25　民二	852	不達			70・2・197
12・25　民二	853	不依知	810・193		70・2・204

平成27年

月　日	番号	区別	登記研究	先例集	民事月報
1・7　民二	12	不依知	810・196　解説付		70・2・207
1・19　民二	57	不知	850・109		
2・6　民商	13	商達	804・215　解説付		70・3・370
2・6　民商	14	商依知	804・267		70・3・421
2・13　民二	101	不依知			70・3・342
2・20　民商	18	商達	808・111		70・3・477
2・26　民二	124	不達	808・73　解説付		70・4・281
2・27　民商	21	商達	808・132　解説付		70・4・284
2・27　民商	22	商依知	808・141		70・4・294
3・2　民商	16	供達			70・4・301
3・16　民商	29	商知	808・142　解説付		70・4・295
3・23　民二	162	不依知	808・77		70・5・94
3・31　民二	196	不依知	808・105　解説付		70・5・121
3・31　民二	198	不依知	808・107　解説付		70・5・125
6・8　民二	303	不知			70・7・90
9・2　民二	363	不知	820・95　解説付		71・3・72
9・7　民商	104	商達	817・153		70・9・100
9・7　民商	105	商依知	817・169		70・9・115
9・30　民商	121	商達	817・172		70・10・102
9・30　民商	122	商達	817・179		70・10・111
10・9　民商	127	供達	819・168		71・2・266

月　日		番号	区別	登記研究		先例集	民事月報
10・9	民商	128	供達	819・169			71・2・268
10・14	民二	506	不知				70・11・89
10・22	民二	511	不知	821・125			70・12・107
10・23	民二	512	不達	820・103	解説付		70・12・139
10・30	民商	139	商知	825・143			71・5・368
10・30	民二	594	不達	820・112	解説付		70・12・148
12・1	民二	775	不知				71・1・269
12・1	民二	777	不依知	821・156			71・1・273
12・11	民商	160	商知	819・145	解説付		71・1・278
12・16	民商	166	供知	819・175			71・2・274
12・16	民二	871	不知	821・159			71・2・202
12・17	民二	873	不達	821・161			71・2・204
12・17	民二	874	不達	821・165			71・2・208
12・18	民商	167	供達	819・180			71・2・278
12・22	民商	169	商知	819・147			71・2・246
12・22	民商	170	商達	819・157			71・2・256
12・22	民商	171	商達	819・159			71・2・260
12・22	民商	172	供達	819・184			71・2・282
12・25	民二	888	不商依知	821・171			71・2・214

平成28年

月　日		番号	区別	登記研究		先例集	民事月報
1・8	民二	5	不依知	821・182	解説付		71・2・225
2・5	民商	15	商達	819・165			71・3・82
2・9	民商	17	商知	822・175	解説付		71・4・138
2・23	民二	113	不依知	829・193	解説付		71・10・61
2・26	民商	25	商達	825・145			71・5・370
2・26	民商	26	商達	825・150			71・5・375
3・2	民二	154	不知	820・115	解説付		71・4・118

月　日	番号	区別	登記研究	先例集	民事月報
3・3　民二	156	不依達			71・4・129
3・8　民商	31	商知	824・179　解説付		71・5・386
3・11　民二	219	不達	819・137　解説付		71・4・130
3・24　民商	41	商達	825・151		71・5・439
3・24　民商	42	商達	825・175		71・5・476
3・24　民商	44	商達	825・154		71・5・448
3・24　民二	262	不達	829・200		71・5・287
3・24　民二	263	不達	829・205		71・5・292
3・24　民二	268	不達	829・208　解説付		71・5・295
3・24　民二	269	不達	829・240　解説付		71・5・328
3・29　民商	46	商達	825・155　解説付		71・5・450
3・29　民商	47	商達	825・161　解説付		71・5・463
3・29　民商	48	商達	825・177		71・5・482
3・29　民商	49	商達	825・183		71・5・494
3・29　民商	50	供達	825・188		71・5・500
3・29　民商	51	供達	825・193		71・5・513
3・30　民商	55	商達	825・166		71・5・499
3・31　民商	59	商知	825・167		71・5・468
3・31　民商	61	商知	825・173		71・5・474
3・31　民二	302	不依知	829・245		71・5・333
3・31　民二	304	不商依知	829・251　解説付		71・5・342
4・19　民商	74	供知			71・6・140
5・11　民商	81	商達			71・6・127
6・23　民商	98	商達	823・165		71・8・127
6・23　民商	99	商依知	823・173		71・8・135
6・28　民商	100	商達			71・8・140
7・14　民商	114	供達			71・8・143

月　日		番号	区別	登記研究		先例集	民事月報
7・14	民商	115	供達	832・173			71・8・146
9・1	民商	132	商知	832・147	解説付		71・10・70
9・27	民商	151	商達				71・11・186
9・27	民商	152	商依知				71・11・190
9・30	民商	155	商知				71・11・193
12・20	民商	179	商達	832・172			72・2・115
12・27	民商	188	供知				72・3・83

平成29年

月　日		番号	区別	登記研究		先例集	民事月報
2・7	民二	77	不知	836・101			72・4・97
2・10	民商	15	商達	833・91			72・4・147
2・10	民商	16	商依知	833・98			72・4・154
2・23	民商	29	商知	833・100	解説付		72・4・156
3・7	民商	36	商知	833・134			72・4・189
3・13	民商	37	供達	833・168			72・4・223
3・17	民商	41	商達	833・147			72・4・202
3・23	民商	45	商知	833・149	解説付		72・4・204
3・23	民二	171	不知	847・101	解説付		72・5・124
3・23	民二	175	不知	831・133	解説付		72・4・133
3・24	民商	47	供達	834・121			72・5・193
3・29	民二	233	不依知				72・5・132
3・30	民商	57	供依知	834・127			72・5・199
3・30	民二	237	不知	839・129	解説付		72・10・251
3・30	民二	238	不依知	836・137			72・5・133
3・31	会訓	3	不訓令				72・5・154
3・31	民二	248	不達				72・5・157
3・31	民商	59	供達				72・5・202
3・31	民商	60	供達				72・5・204

月　日	番号	区別	登記研究	先例集	民事月報
3・31　民商	67	商依知	834・130　解説付		72・5・208
4・17　民二	292	不達	831・146　解説付		72・5・177
5・17　民商	83	供知			72・7・268
5・18　民商	84	商知			72・7・267
6・13　民商	98	商知	838・127		72・8・75
7・6　民商	111	商知	838・129　解説付		72・8・82
7・11　民商	117	商知	838・130		72・8・85
8・15　民二	398	不商依知	837・145		72・9・89
11・13　民商	184	商知	841・123　解説付		73・1・134
12・4　民二	975	不依知	840・121		73・1・115
12・15　民商	198	商知	841・125		73・1・144

平成30年

月　日	番号	区別	登記研究	先例集	民事月報
2・8　民商	19	商達	864・104		73・3・58
2・19　民商	22	商知	844・113		73・4・94
2・27　民商	25	商達	845・129		73・5・98
2・27　民商	26	商達	845・131		73・5・100
3・13　民二	130	不依知	844・109		73・4・89
3・16　民商	32	供達	847・106　解説付		73・7・189
3・16　民二	137	不知	848・159　解説付		73・8・121
3・29　民二	166	不達	845・121　解説付		73・5・90
3・31　民二	168	不知	845・125		73・5・94
5・24　民商	59	供達	855・115		74・3・85
5・31　民二	226	不知	854・103		73・7・185
7・17　民商	84	供知			73・10・59
7・24　民二	279	不知	850・111　解説付		73・9・69
7・31　民二	295	不依知	850・121		73・9・82
8・3　民二	298	不知	858・101　解説付		74・1・179

月　日	番号	区別	登記研究	先例集	民事月報
8・30 民二	338	不依知	852・123		73・11・337
9・27 民商	110	商知	858・108		74・4・240
10・10 民商	114	商知	852・138		73・12・271
10・16 民二	490	不知	852・129		73・11・344
10・17 民商	116	商達	852・141		73・12・274
10・29 民商	123	商知	857・125		74・1・191
11・15 民二	605	不知	852・131		73・12・258
11・15 民二	609	不知	852・134		73・12・265
11・15 民二	611	不知	852・136		73・12・269
11・15 民二	612	不達	852・45		
11・16 民二	170	不依知	858・103		74・1・183
11・16 民二	613	不達	854・107		74・4・233
11・16 民二	614	不依知	854・109		74・4・235
11・27 民二	649	不依知	858・106		74・1・189
12・13 民商	143	商知	857・128		74・1・195
12・18 民二	760	不知	859・87		74・5・193
12・25 民二	817	不依知	855・109		74・2・95

平成31年

月　日	番号	区別	登記研究	先例集	民事月報
2・26 民商	10	商達	858・115		74・4・247
3・20 民商	24	商知	859・124		74・5・212
3・28 民二 民商	249	不商依知	859・91		74・5・198
3・29 民二	267	不依知	861・95		74・9・149
3・29 民商	37	供依知	864・106		75・2・411
4・1 民二	272	不商依知	864・130		74・4・252
4・1 民商	38	商依知	864・129		74・4・267
4・1 民総	281	不達	864・131		74・4・251

月　日	番号	区別	登記研究	先例集	民事月報
4 ・15　民二	284	不依知	859・104		74・ 6 ・ 75
4 ・26　民二	301	不知	866・215		

見出し一覧
（不動産登記関係）

遺産分割による相続の登記における相続を証する書面

（平４．11．４、民三第6284号民事局第三課長回答・先例集追Ⅷ385頁、登
研544号93頁〔解説付〕、月報48巻３号144頁）

遺贈を原因とする所有権移転登記の申請

（平４．11．25、民三第6568号民事局第三課長回答・先例集追Ⅷ386頁、登
研548号125頁〔解説付〕、月報48巻５号108頁）

地番の更正登記の可否

（平４．12．10、民三第6951号民事局第三課長回答・先例集追Ⅷ387頁、登
研543号145頁〔解説付〕、月報48巻１号149頁）

破産の登記がある不動産に対する根抵当権設定仮登記の受否

（平５．２．４、民三第1182号民事局長通達・先例集追Ⅷ391頁、登研547号
129頁〔解説付〕、月報48巻４号153頁）

不動産の管轄転属に伴い登記記録等を移送する場合の手続等

（平５．２．５、民三第1774号民事局長通達・先例集追Ⅷ391頁、登研544号
96頁、月報48巻３号147頁）

観光施設財団の登記に関する報告の廃止

（平５．２．10、民三第1701号民事局第三課長通知・先例集追Ⅷ393頁、登
研544号97頁、月報48巻３号148頁）

自作農創設特別措置法による買収登記を看過し、被買収者の相続人への登記を経由して第三者へ所有権移転登記等がなされている土地についての差押登記嘱託の受否

（平５．３．29、民三第2927号民事局長通達・先例集追Ⅷ394頁、登研555号

135頁〔解説付〕、月報48巻12号107頁）

　遺言者より先に受遺者が死亡した場合において遺言に基づき相続を原因と
してする所有権移転登記申請の可否

（平5．6．3、民三第4308号民事局第三課長回答・先例集追Ⅷ396頁、登
研558号113頁、月報49巻4号191頁）

　民事事件及び行政事件の判決正本等における製本された別冊部分の契印の
省略

（平5．7．21、民三第5145号民事局第三課長・第四課長依命通知・先例集
追Ⅷ397頁、登研550号165頁〔解説付〕、月報48巻8号227頁）

　不動産登記事務取扱手続準則の一部改正

（平5．7．30、民三第5319号民事局長通達・先例集追Ⅷ404頁、登研548号
127頁、月報48巻8号202頁）

　不動産登記法等の一部改正に伴う登記事務の取扱い

（平5．7．30、民三第5320号民事局長通達・先例集追Ⅷ424頁、登研548号
131頁〔解説550号55頁、551号1頁〕、月報48巻8号204頁）

　租税特別措置法第77条の2第1項及び第77条の3の表の第2号の規定に
基づく登録免許税の税率の軽減に係る証明書の様式

（平5．8．5、民三第5915号民事局第三課長依命通知・先例集追Ⅷ451頁、
登研553号128頁、月報48巻9号296頁）

　ファクシミリ伝送方式による印鑑証明書

（平5．8．9、民三第5485号民事局第三課長・民事局第四課長依命回答・
先例集追Ⅷ455頁、登研552号115頁、月報48巻9号283頁）

ファクシミリ伝送方式による印鑑証明書

（平5．9．3、民三第5896号民事局第三課長・民事局第四課長依命回答・先例集追Ⅷ457頁、登研552号117頁、月報48巻9号284頁）

不動産の所在地が未指定登記所の管轄から指定登記所の管轄に転属した場合における登記用紙の取扱い等

（平5．9．17、民三第6188号民事局長通達・先例集追Ⅷ460頁、登研553号99頁〔解説付〕、月報48巻10号166頁）

農地法の一部改正に伴う登記申請の取扱い

（平5．9．17、民三第6190号民事局長通達・先例集追Ⅷ463頁、登研553号108頁、月報48巻10号174頁）

農業経営基盤強化促進法による不動産登記に関する政令の取扱い

（平5．9．17、民三第6192号民事局長通達・先例集追Ⅷ464頁、登研553号109頁、月報48巻10号174頁）

司法書士と土地家屋調査士の業務範囲

（平5．9．29、民三第6361号民事局長通達・先例集追Ⅷ487頁、登研552号119頁、月報48巻10号207頁）

不動産登記法の一部を改正する法律の施行に伴う表示登記の申請書式

（平5．9．29、民三第6363号民事局長通達・先例集追Ⅷ488頁、登研552号120頁、月報48巻10号192頁）

農地信託等事業の実施に伴う登記申請手続

（平5．11．18、民三第7389号民事局長通達・先例集追Ⅷ497頁、登研558号113頁〔解説付〕、月報49巻1号79頁）

雇用促進事業団の貸付に関する公正証書作成の嘱託並びに抵当権設定等の登記申請等の包括委任

（平5．11．24、民三第7403号民事局長通達・先例集追Ⅷ532頁、登研555号138頁、月報48巻12号109頁）

開閉式の屋根を有する野球場の床面積の算定方法

（平5．12．3、民三第7499号民事局第三課長回答・先例集追Ⅷ537頁、登研557号109頁〔解説付〕、月報49巻3号93頁）

共有物分割後における代位による分筆登記申請の可否と代位原因証書

（平6．1．5、民三第265号民事局第三課長回答・先例集追Ⅷ541頁、登研556号123頁〔解説付〕、月報49巻2号99頁）

固定資産評価替えに伴う評価額のない新築建物の課税標準価額の認定基準の改訂

（平6．1．10、民三第300号民事局第三課長依命通知・先例集追Ⅷ542頁、登研559号109頁、月報49巻4号214頁）

登記申請の代理権が消滅していない場合の申請書の添付書類等

（平6．1．14、民三第366号民事局第三課長通知・先例集追Ⅷ562頁、登研556号126頁〔解説付〕、月報49巻2号102頁）

判決による農地の所有権移転の登記申請における農地法の許可書の添付の要否

（平6．1．17、民三第373号民事局第三課長回答・先例集追Ⅷ563頁、登研563号111頁〔解説付〕、月報49巻9号167頁）

行細則第42条等に規定する印鑑証明書として取り扱うに当たっての認容手続

（平6．5．13、民三第3058号民事局第三課長・第四課長依命通知・先例集追Ⅷ585頁、登研561号135頁〔解説付〕、月報49巻7号208頁）

租税特別措置法第79条に係る証明の取扱い

（平6．6．10、民三第3629号民事局第三課長依命通知・先例集追Ⅷ587頁、登研561号139頁、月報49巻7号221頁）

雇用促進事業団業務に関する包括委任状の一部変更

（平6．7．11、民三第4217号民事局長通達・先例集追Ⅷ589頁、登研563号117頁、月報49巻9号172頁）

年金福祉事業団の貸付業務に関する包括委任状の一部変更

（平6．7．18、民三第4316号民事局長通達・先例集追Ⅷ594頁、登研563号121頁、月報49巻9号176頁）

租税特別措置法第77条の3の表の第3号の規定に基づく登録免許税の税率の軽減に係る証明書の様式

（平6．8．30、民三第5618号民事局第三課長依命通知・先例集追Ⅷ599頁、登研564号121頁、月報49巻10号238頁）

租税特別措置法第83条の2の規定により登録免許税の免税措置を受けるために建設大臣が発行する証明書の様式

（平6．11．18、民三第7661号民事局第三課長依命通知・先例集追Ⅷ602頁、登研566号119頁、月報49巻12号167頁）

電子情報処理組織による不動産登記事務の取扱い

（平6．11．30、民三第8198号民事局長通達・先例集追Ⅷ604頁、登研571号
115頁、月報50巻4号203頁）

登記名義人の表示の更正の登記等の要否

（平6．11．30、民三第8713号民事局第三課長依命通知・先例集追Ⅷ605頁、
登研571号116頁、月報50巻4号204頁）

敷地権たる旨の登記等のある土地についての換地処分による登記の取扱い

（平6．12．21、民三第8670号民事局長通達・先例集追Ⅸ611頁、登研586号
157頁〔解説付〕、月報51巻7号269頁）

抵当証券が発行されている土地についてする収用による所有権の移転の登記の嘱託書への抵当証券及び担保の十分性を証する書面の添付の要否

（平7．1．9、民三第27号民事局第三課長通知・先例集追Ⅸ621頁、登研
586号172頁〔解説付〕、月報51巻7号265頁）

抵当証券法第6条の規定による異議催告の相手方が外国に住所を有する場合の取扱い

（平7．1．11、民三第282号民事局第三課長回答・先例集追Ⅷ667頁、登研
572号129頁〔解説付〕、月報50巻5号145頁）

滅失の登記がされていない建物の登記用紙が滅失した場合の取扱い

（平7．2．27、民三第1978号民事局第三課長回答・先例集追Ⅷ668頁、登
研572号132頁〔解説付〕、月報50巻5号147頁）

兵庫県南部地震による土地の水平地殻変動と登記の取扱い

（平7．3．29、民三第2589号民事局長回答・先例集追Ⅷ668頁、登研570号
157頁、月報50巻3号186頁）

阪神・淡路大震災の被災者等に係る国税関係法律の臨時特例に関する法律の一部改正等に伴う不動産登記事務の取扱い

　（平7．3．30、民三第2651号民事局第三課長依命通知・先例集追Ⅷ675頁、登研572号136頁〔解説付〕、月報50巻5号151頁）

　抵当証券の交付等の状況報告

　（平7．3．31、民三第2780号民事局長通達・月報50巻11号129頁）

　日本国有鉄道清算事業団の嘱託による登記事件数の報告

　（平7．4．13、民三第2731号民事局第三課長通知・月報50巻6号152頁）

　住宅・都市整備公団の業務に係る不動産に関する権利の登記を嘱託する役員及び職員の指定の一部変更

　（平7．4．14、民三第2741号民事局第三課長依命通知・先例集追Ⅷ683頁、月報50巻6号154頁）

　阪神・淡路大震災に伴う登記簿の謄・抄本等の交付等の取扱い

　（平7．4．26、民三第2902号民事局長通達・月報50巻6号154頁）

　阪神・淡路大震災に伴う登記簿の謄・抄本等の交付等の取扱い

　（平7．4．26、民三第2903号民事局第三課長依命通知・月報50巻6号155頁）

　阪神・淡路大震災に伴う登記簿の謄・抄本等の交付等の取扱い

　（平7．4．26、民三第2904号民事局第三課長通知・月報50巻6号155頁）

　租税特別措置法第81条の規定に基づく不動産の所有権の取得及び会社の

設立等の登記の登録免許税の軽減に係る証明書の様式

（平7．5．30、民三第3080号民事局第三課長依命通知・先例集追Ⅷ684頁、登研572号145頁、月報50巻6号156頁）

遺言検認調書の謄本を遺言執行者の資格を証する書面とすることの可否

（平7．6．1、民三第3102号民事局第三課長回答・先例集追Ⅷ689頁、登研578号125頁〔解説付〕、月報50巻11号133頁）

日本国有鉄道清算事業団の業務に係る不動産の登記を嘱託する場合の職員を定める公告の一部改正

（平7．7．13、民三第3337号民事局第三課長依命通知・先例集追Ⅷ689頁、登研578号129頁、月報50巻11号136頁）

抵当権設定登記申請書に添付する原因証書

（平7．8．2、民三第3459号民事局長通達・先例集追Ⅷ690頁、登研575号117頁、月報50巻9号123頁）

住宅金融公庫の業務委託方式の変更に伴う包括委任状の取扱い

（平7．8．28、民三第3612号民事局第一課長・民事局第三課長通知・先例集追Ⅷ694頁、登研575号119頁、月報50巻9号124頁）

日本国有鉄道清算事業団の業務に係る不動産の登記を嘱託する場合の職員を定める公告の一部改正

（平7．10．16、民三第4046号民事局第三課長依命通知・先例集追Ⅷ696頁、登研578号130頁、月報50巻11号137頁）

抵当証券が発行されている抵当権のために抵当権の順位の譲渡があった場合の登記手続

（平7．11．7、民三第4167号民事局第三課長通知・先例集追Ⅷ697頁、登研584号125頁〔解説付〕、月報51巻4号219頁）

相続を証する書面として検認を経ていない自筆証書遺言が申請書に添付された所有権移転の登記の申請の受否

（平7．12．4、民三第4344号民事局第三課長通知・先例集追Ⅷ698頁、登研585号133頁〔解説付〕、月報51巻5号250頁）

特定農山村地域における農林業等の活性化のための基盤整備の促進に関する法律による不動産登記に関する政令の取扱い

（平8．2．14、民三第240号民事局長通達・先例集追Ⅷ699頁、登研585号138頁、月報51巻5号219頁）

敷地権の割合の表示の更正登記手続及びこの登記をするについての承諾を命ずる判決を申請書に添付して区分建物の専有部分の所有権の登記名義人から申請する区分建物の表示の更正（敷地権の更正）の登記手続

（平8．3．18、民三第563号民事局長通達・先例集追Ⅸ622頁、登研593号185頁〔解説付〕、月報52巻2号172頁）

共同相続人の中から家庭裁判所の職権により選任された限定承認の相続財産管理人が相続人を代理してする相続財産の売買を原因とする所有権移転登記申請

（平8．3．22、民三第598号民事局第三課長通知・先例集追Ⅸ625頁、登研591号191頁〔解説付〕、月報51巻11号99頁）

河川法の一部改正に伴う不動産登記手続

（平8．4．11、民三第755号民事局長通達・先例集追Ⅸ625頁、登研591号194頁〔解説付〕、月報51巻12号118頁）

河川法の一部改正に伴う河川立体区域内の土地に関する不動産登記の記載例

（平8．4．11、民三第756号民事局長通達・先例集追Ⅸ643頁、登研591号206頁〔解説付〕、月報51巻12号138頁）

租税特別措置法第81条の規定に基づく不動産の所有権の取得及び会社の設立等の登記の登録免許税の軽減に係る証明書の様式

（平8．4．22、民三第798号民事局第三課長事務取扱・民事局第四課長依命通知・先例集追Ⅷ733頁、登研585号167頁、月報51巻6号91頁）

抵当証券が発行されている共同担保物件の一部について破産管財人が任意売却の前提としてする抵当権抹消の登記の申請書への担保の十分性を証する書面の添付の要否

（平8．4．23、民三第814号民事局第三課長通知・先例集追Ⅸ652頁、登研595号123頁〔解説付〕、月報52巻4号151頁）

租税特別措置法の一部を改正する法律（平成8年法律第17号）附則第22条に係る証明

（平8．5．2、民三第882号民事局第三課長事務取扱依命通知・先例集追Ⅷ738頁、登研585号172頁、月報51巻6号96頁）

租税特別措置法第81条の規定に基づく不動産の所有権の取得及び会社の設立等の登記の登録免許税の軽減に係る証明書の様式

（平8．5．17、民三第950号民事局第三課長事務取扱・民事局第四課長依命通知・先例集追Ⅷ742頁、登研585号172頁、月報51巻6号100頁）

登録免許税法施行規則の一部を改正する省令（平成8年大蔵省令第30号）

による改正後の同規則第２条の４に係る証明書の様式

　（平８．７．15、民三第1268号民事局第三課長依命通知・先例集追Ⅸ１頁、登研590号147頁、月報51巻10号179頁）

　抵当権の実行による競売の申立てをした抵当権者が所有権の登記名義人に代位して買戻権の抹消を申請することの可否

　（平８．７．29、民三第1368号民事局第三課長通知・先例集追Ⅸ３頁、登研595号126頁〔解説付〕、月報52巻３号119頁）

　租税特別措置法第83条の３の規定により登録免許税の特例措置を受けるために都道府県知事が発行する証明書の様式

　（平８．８．27、民三第1496号民事局第三課長依命通知・先例集追Ⅸ３頁、登研590号148頁、月報51巻10号181頁）

　租税特別措置法の一部を改正する法律附則第22条第８項の規定に基づく登録免許税の非課税のための証明書の様式

　（平８．８．29、民三第1521号民事局第三課長依命通知・先例集追Ⅸ６頁、登研590号150頁、月報51巻10号183頁）

　塩専売法附則第35条第４項及び塩事業法附則第７条第３項の規定に基づく登録免許税の非課税のための証明書の様式

　（平８．８．29、民三第1523号民事局第三課長依命通知・先例集追Ⅸ９頁、登研590号150頁、月報51巻10号186頁）

　特定住宅金融専門会社の債権債務の処理の促進等に関する特別措置法第26条第１項の規定により登録免許税の免税措置を受けるための預金保険機構の書類

　（平８．９．24、民三第1694号民事局第三課長依命通知・先例集追Ⅸ13頁、

登研592号172頁、月報51巻12号158頁）

　特定住宅金融専門会社から債権処理会社に不動産に関する権利を譲渡する場合の不動産登記事務の取扱い
　（平8．9．24、民三第1696号民事局長通達・先例集追Ⅸ15頁、登研592号165頁〔解説付〕、月報51巻12号148頁）

　預金保険法附則第22条第1項の規定により登録免許税の免税措置を受けるための預金保険機構の書類の様式
　（平8．10．11、民三第1816号民事局第三課長依命通知・先例集追Ⅸ22頁、登研593号195頁、月報52巻1号210頁）

　石炭鉱害賠償等業務について石油代替エネルギーの開発及び導入の促進に関する法律附則第20条第3項によって準用する同法附則第16条第4項の適用を受ける場合に通商産業大臣が証明する書面
　（平8．10．16、民三第1878号民事局第三課長依命通知・先例集追Ⅸ27頁、登研596号109頁〔解説付〕、月報52巻4号161頁）

　租税特別措置法第79条第3項及び第4項の規定に係る証明の取扱い
　（平8．11．12、民三第1991号民事局第三課長依命通知・先例集追Ⅸ31頁、登研593号199頁、月報52巻1号214頁）

　抵当不動産の第三取得者に対する抵当権の一部譲渡
　（平9．1．22、民三第85号民事局第三課長回答・先例集追Ⅸ35頁、登研595号129頁〔解説付〕、月報52巻4号155頁）

　所有権の処分禁止の仮処分の登記後にされた根抵当権移転及び債権の範囲の変更の登記を仮処分権利者が単独で抹消することの可否

（平9．1．29、民三第151号民事局第三課長通知・先例集追Ⅸ38頁、登研
603号109頁〔解説付〕、月報52巻12号66頁）

　敷地権の表示の登記をした区分建物についてする不動産登記法第100条第
２項の規定による所有権保存の登記の登録免許税の算定
　（平9．1．29、民三第153号民事局第三課長通知・先例集追Ⅸ38頁、登研
602号167頁〔解説付〕、月報52巻10号179頁）

　社会福祉事業の用に供する不動産の登記に関する証明
　（平9．5．27、民三第932号民事局第三課長依命通知・先例集追Ⅸ39頁、
登研599号156頁〔解説付〕、月報52巻8号91頁）

　塩事業法の施行に伴い日本たばこ産業株式会社が財団法人塩事業センター
に対して行う拠出に係る不動産登記事務の取扱い
　（平9．6．4、民三第993号民事局長通達・先例集追Ⅸ42頁、登研599号
139頁〔解説付〕、月報52巻8号65頁）

　厚生年金保険法等の一部を改正する法律（平成8年法律第82号）の施行
に伴いジェイアールグループ健康保険組合等が旧適用法人共済組合から承継
する不動産に関する登記事務の取扱い
　（平9．7．2、民三第1173号民事局長通達・先例集追Ⅸ44頁、登研599号
143頁〔解説付〕、月報52巻8号71頁）

　厚生年金保険法等の一部を改正する法律（平成8年法律第82号）附則第
48条第４項の規定により、登録免許税の免税措置を受けるための大蔵大臣
が発行する証明書の様式
　（平9．7．2、民三第1175号民事局第三課長依命通知・先例集追Ⅸ53頁、
登研599号163頁、月報52巻8号99頁）

租税特別措置法第83条の４の規定により登録免許税の特例措置を受けるために市町村長又は特別区の区長が発行する証明書の様式

（平９．７．８、民三第1197号民事局第三課長依命通知・先例集追Ⅸ56頁、登研604号126頁、月報52巻12号71頁）

根抵当権の元本確定の登記の要否

（平９．７．31、民三第1301号民事局第三課長回答・先例集追Ⅸ58頁、登研603号113頁〔解説付〕、月報52巻９号99頁）

根抵当権の元本確定の登記の要否

（平９．７．31、民三第1302号民事局第三課長回答・先例集追Ⅸ59頁、登研603号117頁〔解説付〕、月報52巻９号104頁）

今後の地図整備の方向

（平９．８．27、民三第1488号民事局第三課長通知・月報53巻３号107頁）

租税特別措置法第84条の２の規定により登録免許税の特例措置を受けるために運輸大臣が発行する証明書の様式

（平９．８．28、民三第1512号民事局第三課長依命通知・先例集追Ⅸ60頁、登研604号128頁、月報52巻12号73頁）

租税特別措置法第72条の適用

（平９．９．１、民三第1553号民事局第三課長通知・先例集追Ⅸ63頁、登研604号131頁〔解説付〕、月報52巻12号76頁）

新幹線鉄道保有機構が日本国有鉄道から承継し旅客鉄道株式会社に譲渡する不動産の登記事務の取扱い

（平9．9．29、民三第1765号民事局長通達・先例集追Ⅸ64頁、登研603号
120頁〔解説付〕、月報53巻1号170頁）

保険業法第139条に基づく保険契約の移転に対する許可書の原本提出の省略

（平9．9．29、民三第1778号民事局第三課長依命通知・先例集追Ⅸ72頁、
登研604号125頁、月報53巻1号181頁）

登録免許税法第13条第2項の適用の可否

（平9．9．29、民三第1779号民事局第三課長通知・先例集追Ⅸ75頁、登研
608号184頁〔解説付〕、月報53巻3号130頁）

運輸施設整備事業団が船舶整備公団から不動産及び船舶に関する権利を承継する場合の不動産登記及び船舶登記の事務の取扱い

（平9．9．30、民三第1783号民事局長通達・先例集追Ⅸ75頁、登研603号
127頁〔解説付〕、月報53巻1号183頁）

保険契約の包括移転に伴う不動産登記事務の取扱い

（平9．10．14、民三第1875号民事局長通達・先例集追Ⅸ81頁、月報53巻5
号125頁）

抵当権者が連帯債務者のうちの1名に対する債権を譲渡した場合の登記手続

（平9．12．4、民三第2155号民事局第三課長回答・先例集追Ⅸ87頁、登研
608号177頁〔解説付〕、月報53巻3号118頁）

住宅用家屋を相続により取得した場合における租税特別措置法第73条の規定の適用の有無

（平9．12．4、民三第2157号民事局第三課長通知・先例集追Ⅸ88頁、登研608号190頁〔解説付〕、月報53巻3号136頁）

抵当権の設定登記申請書における利息等の表示

（平10．1．12、民三第37号民事局長通達・先例集追Ⅸ89頁、登研607号171頁〔解説付〕、月報53巻2号103頁）

日本私立学校振興・共済事業団が私立学校共済組合及び日本私学振興財団から不動産に関する権利を承継する場合の不動産登記の事務の取扱い

（平10．1．21、民三第122号民事局長通達・先例集追Ⅸ94頁、登研608号180頁、月報53巻3号122頁）

日本私立学校振興・共済事業団が登録免許税法第4条第2項の規定に基づき同法別表第3に係る登録免許税の特例措置を受けるために文部大臣が発行する証明書の様式

（平10．1．21、民三第124号民事局第三課長依命通知・先例集追Ⅸ99頁、登研608号192頁、月報53巻3号139頁）

租税特別措置法第78条の2の規定に基づき農林中央金庫が信用農業協同組合連合会から事業譲渡により土地等を取得した場合の所有権の移転登記等の税率の軽減に係る証明書

（平10．3．19、民三第533号民事局第三課長依命通知・先例集追Ⅸ104頁、登研609号163頁、月報53巻4号246頁）

判決による所有権保存の登記の取扱い

（平10．3．20、民三第552号民事局第三課長通知・先例集追Ⅸ107頁、登研615号211頁〔解説付〕、月報53巻12号147頁）

勤労者退職金共済機構が登録免許税法第４条第２項の規定に基づき登録免許税の非課税措置を受けるための労働大臣が証する書類の様式

　（平10．5．29、民三第1028号民事局第三課長依命通知・先例集追Ⅸ108頁、登研610号135頁、月報53巻6号148頁）

　租税特別措置法第83条の３の規定により登録免許税の軽減措置を受けるために建設大臣が発行する証明書の様式

　（平10．6．12、民三第1139号民事局第三課長依命通知・先例集追Ⅸ110頁、登研611号165頁、月報53巻7号112頁）

　根抵当権設定仮登記権利者が、破産した根抵当権設定仮登記義務者に対し、仮登記に基づく本登記を求める場合の登記手続

　（平10．6．17、民三第1160号民事局第三課長回答・先例集追Ⅸ113頁、登研616号115頁〔解説付〕、月報54巻1号163頁）

　租税特別措置法第83条の５第２項の規定により登録免許税の特例措置を受けるために市町村長又は特別区の区長が発行する証明書の様式

　（平10．6．22、民三第1184号民事局第三課長依命通知・先例集追Ⅸ114頁、登研611号168頁、月報53巻7号115頁）

　抵当証券が発行されている抵当権の抹消の登記

　（平10．7．27、民三第1391号民事局第三課長通知・先例集追Ⅸ116頁、登研626号238頁〔解説付〕、月報55巻1号299頁）

　他の市町村で証明書交付等の事務委託により発行された印鑑登録証明書の取扱い

　（平10．7．28、民三第1398号民事局第三課長・民事局第四課長回答・先例集追Ⅸ116頁、登研621号129頁〔解説付〕、月報54巻5号145頁）

租税特別措置法第83条の７の規定に基づき特定目的会社が不動産を取得した場合の所有権の移転登記の税率の軽減に係る証明書の様式
（平10．９．16、民三第1755号民事局第三課長依命通知・先例集追Ⅸ120頁、登研612号159頁、月報53巻９号133頁）

金融機関等が有する根抵当権により担保される債権の譲渡の円滑化のための臨時措置に関する法律の施行に伴う不動産登記事務の取扱い
（平10．10．23、民三第2068号民事局長通達・先例集追Ⅸ124頁、登研612号149頁〔解説613号85頁〕、月報53巻11号173頁）

競売手続の円滑化等を図るための関係法律の整備に関する法律の施行に伴う不動産登記事務の取扱い
（平10．10．23、民三第2069号民事局長通達・先例集追Ⅸ129頁、登研612号153頁〔解説613号90頁〕、月報53巻11号183頁）

金融機能の再生のための緊急措置に関する法律の施行に伴う不動産登記事務の取扱い
（平10．10．23、民三第2070号民事局長通達・先例集追Ⅸ133頁、登研612号156頁〔解説613号96頁〕、月報53巻11号192頁）

日本国有鉄道清算事業団の債務等の処理に関する法律の施行に伴う不動産登記事務の取扱い
（平10．11．12、民三第2169号民事局第三課長依命通知・先例集追Ⅸ136頁、登研626号220頁〔解説付〕、月報55巻１号269頁）

金融機能の再生のための緊急措置に関する法律等の規定により登録免許税の免税措置を受けるための預金保険機構の書類の様式

（平10．11．18、民三第2218号民事局第三課長・民事局第四課長依命通知・先例集追Ⅸ148頁、登研612号161頁、月報53巻11号219頁）

自筆証書による遺言書の真正担保

（平10．11．26、民三第2275号民事局第三課長通知・先例集追Ⅸ162頁、登研627号201頁〔解説付〕、月報55巻4号220頁）

不動産登記の申請手続における申請人等の押印の取扱い

（平10．12．21、民三第2456号民事局第三課長依命通知・先例集追Ⅸ162頁、登研618号161頁〔解説付〕、月報54巻3号85頁）

登録免許税の特例措置の適用要件として運輸大臣が発行する証明書の様式

（平10．12．28、民三第2559号民事局第三課長依命通知・先例集追Ⅸ166頁、登研628号178頁、月報55巻2号125頁）

印鑑証明書の原本還付

（平11．2．22、民三第347号民事局第三課長依命通知・先例集追Ⅸ177頁、登研627号193頁〔解説付〕、月報55巻2号159頁）

租税特別措置法第78条の2第3項の規定により登録免許税の軽減措置を受けるために都道府県知事が発行する証明書の様式

（平11．3．29、民三第603号民事局第三課長依命通知・先例集追Ⅸ178頁、登研621号145頁、月報54巻4号173頁）

不動産登記法第119条ノ9の根抵当権の元本確定の登記及び移転の登記の申請と民法第398条ノ2第2項の元本確定の効力の覆滅との関係等

（平11．3．30、民三第642号民事局第三課長回答・先例集追Ⅸ181頁、登研620号221頁〔解説付〕、月報54巻7号130頁）

租税特別措置法第79条第３項及び第４項の規定により登録免許税の軽減措置を受けるために運輸大臣が発行する証明書の様式

（平11.　４.　１、民三第647号民事局第三課長依命通知・先例集追Ⅸ183頁、登研621号148頁、月報54巻４号176頁）

弁済期到来後の裏書がある抵当証券を添付した抵当権移転の登記申請

（平11.　４.　28、民三第911号民事局第三課長通知・先例集追Ⅸ187頁、登研627号197頁〔解説付〕、月報55巻２号163頁）

租税特別措置法第78条の２第２項の規定により登録免許税の軽減措置を受けるために農林水産大臣又は都道府県知事が発行する証明書の様式

（平11.　５.　６、民三第944号民事局第三課長依命通知・先例集追Ⅸ187頁、登研621号148頁、月報54巻５号161頁）

年金福祉事業団の貸付けに関する根抵当権設定契約証書の様式の一部変更

（平11.　５.　６、民三第946号民事局第三課長依命通知・先例集追Ⅸ191頁、登研621号135頁、月報54巻５号152頁）

租税特別措置法第83条の５第４項の規定により登録免許税の軽減措置を受けるために建設大臣が発行する証明書の様式

（平11.　５.　７、民三第959号民事局第三課長依命通知・先例集追Ⅸ203頁、登研621号154頁、月報54巻５号164頁）

租税特別措置法第83条の７の改正に伴う特定目的会社が特定資産を取得した場合の所有権の移転登記等の税率の軽減に係る証明書の様式

（平11.　５.　12、民三第1001号民事局第三課長依命通知・先例集追Ⅸ205頁、登研621号156頁、月報54巻５号166頁）

租税特別措置法第83条の５第３項の規定により登録免許税の軽減措置を受けるために建設大臣が発行する証明書の様式

　（平11．６．２、民三第1133号民事局第三課長依命通知・先例集追Ⅸ211頁、登研622号127頁、月報54巻６号121頁）

　日本電信電話株式会社法の一部を改正する法律附則第12条第５項の規定により登録免許税の非課税措置を受けるために郵政大臣が発行する証明書の様式

　（平11．６．２、民三第1135号民事局第三課長依命通知・先例集追Ⅸ213頁、登研626号183頁、月報54巻９号141頁）

　抵当証券発行特約付き抵当権設定登記の弁済期等の登記記載例

　（平11．６．14、民三第1189号民事局第三課長依命通知・先例集追Ⅸ218頁、登研619号197頁〔解説付〕、月報54巻７号105頁）

　農業団体法の施行により解散した産業組合を抵当権者とする休眠抵当権の抹消登記手続

　（平11．６．15、民三第1200号民事局第三課長回答・先例集追Ⅸ220頁、登研634号115頁〔解説付〕、月報55巻７号205頁）

　船舶法等の一部改正に伴う船舶登記事務の取扱い

　（平11．６．18、民三第1233号民事局長通達・先例集追Ⅸ224頁、登研619号209頁〔解説付〕、月報54巻７号117頁）

　戦災等により除籍謄本を相続を証する書面として添付することができない場合における相続登記の添付書面

　（平11．６．22、民三第1259号民事局第三課長回答・先例集追Ⅸ226頁、登

研634号121頁〔解説付〕、月報55巻7号219頁）

　租税特別措置法第83条の6第2項の規定により登録免許税の軽減措置を受けるために通商産業大臣が発行する証明書の様式
　（平11．7．7、民三第1387号民事局第三課長依命通知・先例集追Ⅸ227頁、登研622号129頁、月報54巻7号128頁）

　抵当権等の担保権の目的たる持分とその目的でない持分を相続した場合における後者の持分のみの持分一部移転登記申請の可否等
　（平11．7．14、民三第1414号民事局第三課長回答・先例集追Ⅸ230頁、登研629号143頁〔解説付〕、月報55巻2号168頁）

　処分禁止の仮処分の登記後にされた地方税の滞納処分に基づく差押登記の効力
　（平11．7．21、民三第1469号民事局第三課長回答・先例集追Ⅸ232頁、登研634号125頁〔解説付〕、月報55巻7号213頁）

　日本電信電話株式会社の再編成に伴う不動産登記事務の取扱い
　（平11．8．23、民三第1740号民事局第三課長依命通知・先例集追Ⅸ235頁、登研626号177頁、月報54巻9号146頁）

　中小企業総合事業団発足に伴う不動産登記事務の取扱い
　（平11．9．6、民三第1891号民事局第三課長依命通知・先例集追Ⅸ244頁、登研626号187頁、月報54巻9号156頁）

　国民金融公庫と環境衛生金融公庫との統合に係る不動産登記事務の取扱い
　（平11．9．14、民三第1965号民事局第三課長依命通知・先例集追Ⅸ247頁、登研625号169頁、月報54巻10号78頁）

国際協力銀行の設立に伴う不動産登記事務の取扱い

（平11．9．21、民三第2014号民事局第三課長依命通知・先例集追Ⅸ263頁、登研626号189頁、月報54巻10号98頁）

日本政策投資銀行の設立に伴う不動産登記事務の取扱い

（平11．9．21、民三第2016号民事局第三課長依命通知・先例集追Ⅸ268頁、登研626号208頁、月報55巻2号176頁）

都市基盤整備公団の業務に係る不動産に関する権利の登記を嘱託する役員及び職員の指定

（平11．9．27、民三第2076号民事局第三課長依命通知・先例集追Ⅸ279頁、登研626号201頁、月報54巻10号104頁）

雇用・能力開発機構の設立に伴う不動産登記事務の取扱い

（平11．9．28、民三第2078号民事局第三課長依命通知・先例集追Ⅸ281頁、登研626号202頁、月報54巻10号107頁）

都市基盤整備公団の設立に伴う不動産登記事務の取扱い

（平11．9．28、民三第2090号民事局第三課長依命通知・先例集追Ⅸ290頁、登研626号192頁、月報54巻10号116頁）

日本政策投資銀行が登録免許税法第4条第2項の規定に基づき抵当権等の設定等の登記等に係る登録免許税の非課税措置を受けるための証明書の様式

（平11．9．28、民三第2092号民事局第三課長依命通知・先例集追Ⅸ305頁、登研626号214頁、月報54巻10号133頁）

緑資源公団の業務に係る不動産に関する権利の登記を嘱託する役員及び職

員の指定

（平11. 10. 12、民三第2203号民事局第三課長依命通知・先例集追Ⅸ310頁、登研626号218頁、月報55巻2号187頁）

固定資産評価替えに伴う評価額のない新築建物の課税標準価額の認定基準の改訂

（平11. 11. 26、民三第2541号民事局第三課長依命通知・先例集追Ⅸ312頁、月報54巻11号54頁）

抵当証券の発行されている抵当権の抹消登記手続

（平12. 1. 5、民三第16号民事局第三課長回答・先例集追Ⅸ333頁、登研630号141頁〔解説付〕、月報55巻4号232頁）

所有権に関する登記請求権保全の処分禁止の仮処分の登記に後れる登記の抹消登記手続

（平12. 1. 17、民三第79号民事局第三課長回答・先例集追Ⅸ335頁、登研635号89頁、月報55巻9号145頁）

予告登記に係る訴訟に勝訴した原告が登記申請をしない場合の予告登記の抹消登記手続

（平12. 1. 21、民三第130号民事局第三課長回答・先例集追Ⅸ336頁、登研635号90頁〔解説付〕、月報55巻9号147頁）

組織的な犯罪の処罰及び犯罪収益の規制等に関する法律の施行に伴う不動産登記事務の取扱い

（平12. 1. 31、民三第208号民事局長通達・先例集追Ⅸ337頁、登研668号1頁、月報58巻1号207頁）

没収保全の登記等の嘱託及び供託物払渡請求

（平12. 1. 31、民三第210号民事局第三課長・民事局第四課長依命通知・
先例集追Ⅸ363頁、登研668号19頁、月報58巻1号227頁）

保険契約の包括移転に伴う不動産登記事務の取扱い

（平12. 2. 18、民三第439号民事局第三課長依命通知・先例集追Ⅸ374頁、
登研629号150頁、月報55巻2号189頁）

良質な賃貸住宅等の供給の促進に関する特別措置法の施行に伴う不動産登記事務の取扱い

（平12. 2. 24、民三第473号民事局長通達・先例集追Ⅸ376頁、登研629号
152頁〔解説付〕、月報55巻4号223頁）

遺留分減殺請求を原因とする所有権移転登記の抹消

（平12. 3. 10、民三第708号民事局第三課長回答・先例集追Ⅸ379頁、登研
638号109頁〔解説付〕、月報55巻11号153頁）

後見登記等に関する法律等の施行に伴う後見登記等に関する事務の取扱い

（平12. 3. 23、民二第700号民事局長通達・登研628号139頁）

信託契約による担保附社債に関する抵当権の移転の登記

（平12. 3. 29、民三第782号民事局第三課長通知・先例集追Ⅸ381頁、登研
632号155頁〔解説付〕、月報55巻5号128頁）

租税特別措置法第84条の4の施行に伴う不動産登記事務の取扱い

（平12. 3. 31、民三第828号民事局長通達・先例集追Ⅸ382頁、登研636号
155頁、月報55巻9号152頁）

民事再生法及び民事再生規則の施行に伴う不動産登記事務の取扱い

（平12．3．31、民三第839号民事局長通達・先例集追Ⅸ383頁、登研637号
125頁〔解説付〕、月報55巻11号157頁）

民法第398条の20第1項第5号に基づく根抵当権の元本の確定の登記

（平12．4．3、民三第883号民事局第三課長回答・先例集追Ⅸ399頁、登研
638号112頁〔解説付〕、月報55巻11号189頁）

**租税特別措置法第78条の2第4項の規定により登録免許税の軽減措置を
受けるために農林水産大臣が発行する証明書の様式**

（平12．5．1、民三第1104号民事局第三課長依命通知・先例集追Ⅸ401頁、
登研636号156頁、月報55巻9号153頁）

**租税特別措置法第83条の3第2項の規定により登録免許税の軽減措置を
受けるために建設大臣が発行する証明書の様式**

（平12．5．12、民三第1161号民事局第三課長依命通知・先例集追Ⅸ404頁、
登研636号158頁、月報55巻9号156頁）

**預金保険法附則第22条第1項の規定により登録免許税の免税措置を受け
るための預金保険機構の書類の様式**

（平12．6．23、民三第1452号民事局第三課長依命通知・先例集追Ⅸ408頁、
登研636号162頁、月報55巻9号160頁）

**保険業法の規定により登録免許税の免税措置を受けるための大蔵大臣及び
金融庁長官の書類等の様式**

（平12．6．30、民三第1682号民事局第三課長依命通知・先例集追Ⅸ411頁、
登研636号164頁、月報55巻9号164頁）

登記情報交換による登記事項証明書の交付事務の取扱い

（平12. 10. 3、民三第2253号民事局長通達・先例集追Ⅸ423頁、登研639号147頁、月報55巻11号195頁）

原子力発電環境整備機構が登録免許税法第４条第２項の規定に基づき所有権保存登記等に係る登録免許税の非課税措置を受けるための証明書の様式

（平12. 10. 23、民三第2397号民事局第三課長依命通知・先例集追Ⅸ425頁、登研638号117頁、月報55巻11号197頁）

租税特別措置法第83条の７の改正に伴う特定目的会社が特定資産を取得した場合の所有権の移転登記等の税率の軽減に係る証明書の様式

（平12. 11. 29、民三第2675号民事局第三課長依命通知・先例集追Ⅸ428頁、登研640号123頁、月報56巻１号221頁）

特定目的会社による特定資産の流動化に関する法律等の一部を改正する法律の施行に伴う不動産登記事務の取扱い

（平12. 11. 29、民三第2682号民事局長通達・先例集追Ⅸ438頁、登研663号139頁、月報58巻１号238頁）

不動産登記事務取扱手続準則の一部改正

（平13. 2. 16、民二第444号民事局長通達・先例集追Ⅸ445頁、登研663号115頁、月報58巻１号242頁）

行政機関の保有する情報の公開に関する法律の施行に伴う不動産登記事務の取扱い（不動産登記事務取扱手続準則の一部改正に伴う不動産登記事務の取扱い）

（平13. 2. 16、民二第445号民事局長通達・先例集追Ⅸ465頁、登研663号132頁、月報58巻１号257頁）

保険契約の包括移転に伴う不動産登記事務の取扱い

（平13．2．16、民二第450号民事局民事第二課長依命通知・先例集追Ⅸ474頁、登研641号155頁、月報56巻2号121頁）

登記申請業務の下部委譲

（平13．3．2、民二第616号民事局民事第二課長依命通知・先例集追Ⅸ477頁、登研641号157頁、月報56巻3号77頁）

年金資金運用基金の設立に伴う不動産登記事務の取扱い

（平13．3．8、民二第664号民事局民事第二課長依命通知・先例集追Ⅸ482頁、登研641号160頁、月報56巻3号82頁）

造船業基盤整備事業協会の解散に伴う不動産登記事務の取扱い

（平13．3．16、民二第751号民事局民事第二課長依命通知・先例集追Ⅸ499頁、登研641号168頁、月報56巻3号98頁）

保険契約の引受けに伴う不動産登記事務の取扱い

（平13．3．21、民二第749号民事局民事第二課長依命通知・先例集追Ⅸ501頁、登研642号111頁〔解説643号159頁〕、月報56巻4号325頁）

民事再生法の一部改正による不動産登記事務の取扱い

（平13．3．27、民二第828号民事局長通達・先例集追Ⅸ503頁、登研652号129頁〔解説付〕、月報56巻12号111頁）

外国倒産処理手続の承認援助に関する法律及び外国倒産処理手続の承認援助に関する規則の施行に伴う不動産登記事務の取扱い

（平13．3．30、民二第858号民事局長通達・先例集追Ⅸ504頁、登研653号

143頁〔解説付〕、月報57巻1号109頁）

商法等の一部を改正する法律等の施行に伴う不動産登記事務の取扱い
（平13.3.30、民二第867号民事局長通達・先例集追Ⅸ517頁、登研653号156頁、月報57巻5号498頁）

行政機関の保有する情報の公開に関する法律の施行に伴う抵当証券の控えの謄抄本の交付等に関する事務の取扱い
（平13.3.30、民二第870号民事局長通達・先例集追Ⅸ522頁、登研644号191頁、月報56巻5号236頁）

判決による被相続人（死亡者）への真正な登記名義の回復を原因とする所有権移転の登記の可否
（平13.3.30、民二第874号民事局民事第二課長回答・先例集追Ⅸ528頁、登研644号195頁〔解説付〕、月報56巻5号240頁）

不動産登記法第145条第1項に基づく予告登記の抹消嘱託の添付書面
（平13.4.2、民二第880号民事局民事第二課長回答・先例集追Ⅸ529頁、登研644号199頁〔解説付〕、月報56巻5号246頁）

預金保険法第135条第2項及び同法附則第22条第1項の規定により登録免許税の免税措置を受けるための預金保険機構の書類の様式
（平13.4.17、民二第1066号民事局民事第二課長依命通知・先例集追Ⅸ530頁、登研644号204頁、月報56巻6号223頁）

租税特別措置法第80条第1項及び第2項の規定に基づく登録免許税の軽減に係る証明書の様式
（平13.5.14、民二第1286号民事局民事第二課長・民事局商事課長依命通

知・先例集追IX538頁、登研646号139頁、月報56巻 9 号97頁）

　租税特別措置法第83条の 7 の改正に伴う特定目的会社が特定資産を取得
した場合等の所有権の移転登記等の税率の軽減に係る証明書の様式
　（平13. 5 . 14、民二第1289号民事局民事第二課長依命通知・先例集追IX
547頁、登研646号148頁、月報56巻 9 号112頁）

　租税特別措置法第78条の 2 第 1 項の規定により登録免許税の税率の軽減
措置を受けるために農林水産大臣が発行する証明書の様式
　（平13. 5 . 18、民二第1330号民事局民事第二課長依命通知・先例集追IX
558頁、登研646号158頁、月報56巻 9 号107頁）

　都市基盤整備公団の業務に係る不動産に関する権利の登記を嘱託する役員
及び職員の指定の一部変更
　（平13. 6 . 21、民二第1567号民事局民事第二課長依命通知・先例集追IX
563頁、月報56巻11号272頁）

　高齢者の居住の安定確保に関する法律の施行に伴う不動産登記事務の取扱
い
　（平13. 8 . 3 、民二第1853号民事局長通達・先例集追IX564頁、登研663号
143頁、月報58巻 1 号265頁）

　租税特別措置法第76条第 3 項の規定に基づく登録免許税の軽減に係る証
明書の様式の一部改正
　（平13. 8 . 28、民二第2067号民事局民事第二課長依命通知・先例集追IX
569頁、登研652号131頁、月報56巻12号113頁）

　租税特別措置法第77条の 3 第 2 項の規定により登録免許税の税率の軽減

措置を受けるために都道府県知事が発行する証明書の様式

（平13．9．10、民二第2183号民事局民事第二課長依命通知・先例集追Ⅸ574頁、登研652号135頁、月報56巻12号117頁）

　租税特別措置法第80条第1項及び第80条の2第3項の規定により登録免許税の税率の軽減措置を受けるために農林水産大臣が発行する証明書の様式

（平13．11．26、民二第2940号民事局民事第二課長・民事局商事課長依命通知・先例集追Ⅸ576頁、登研655号133頁、月報57巻4号199頁）

　租税特別措置法第80条第1項及び第80条の2第3項の規定により登録免許税の税率の軽減措置を受けるために都道府県知事が発行する証明書の様式

（平13．11．26、民二第2942号民事局民事第二課長・民事局商事課長依命通知・先例集追Ⅸ587頁、登研655号144頁、月報57巻4号210頁）

　都市基盤整備公団の業務に係る不動産に関する権利の登記を嘱託する役員及び職員の指定の一部変更

（平14．2．7、民二第334号民事局民事第二課長依命通知・先例集追Ⅸ597頁、登研655号131頁、月報57巻4号219頁）

　登録免許税法第4条第2項の規定による登録免許税の非課税の適用を受けるために農林水産大臣が発行する証明書の様式

（平14．2．14、民二第426号民事局民事第二課長依命通知・先例集追Ⅸ598頁、登研655号153頁、月報57巻4号221頁）

　租税特別措置法第78条の2第1項の規定により登録免許税の税率の軽減措置を受けるために農林水産大臣が発行する証明書の様式

（平14．2．19、民二第493号民事局民事第二課長依命通知・先例集追Ⅸ602頁、登研655号156頁、月報57巻4号223頁）

ＪＲ会社法改正に伴う不動産登記事務の取扱い

（平14．2．28、民二第569号民事局民事第二課長依命通知・先例集追Ⅸ608頁、登研655号132頁、月報57巻4号229頁）

租税特別措置法第83条の4の規定に基づく登録免許税の税率の軽減措置を受けるための国土交通大臣の証明書の様式

（平14．4．5、民二第893号民事局民事第二課長依命通知・先例集追Ⅹ1頁、登研659号137頁、月報57巻8号214頁）

仮登記根抵当権の元本確定の登記の可否等

（平14．5．30、民二第1310号民事局民事第二課長依命通知・先例集追Ⅹ4頁、登研679号157頁、月報59巻7号231頁）

租税特別措置法第78条の2第4項の規定により登録免許税の税率の軽減措置を受けるために農林水産大臣又は都道府県知事が発行する証明書の様式

（平14．6．5、民二第1357号民事局民事第二課長依命通知・先例集追Ⅹ4頁、登研659号140頁、月報57巻8号219頁）

租税特別措置法第79条第1項及び第2項の規定により登録免許税の税率の軽減措置を受けるために農林水産大臣又は都道府県知事が発行する証明書の様式

（平14．7．15、民二第1723号民事局民事第二課長依命通知・先例集追Ⅹ8頁、登研659号143頁、月報57巻9号207頁）

電子情報処理組織による不動産登記事務の取扱い

（平14．7．24、民二第1796号民事局長通達・先例集追Ⅹ12頁、登研663号147頁、月報58巻2号141頁）

登記に関する申請書の取扱い

（平14. 7. 26、民二・民商第1810号民事局長通達・月報58巻2号146頁）

登記に関する申請書の取扱い

（平14. 7. 26、民二・民商第1811号民事局民事第二課長・民事局商事課長依命通知・月報58巻2号149頁）

スケルトン・インフィル分譲住宅等に係る登記上の取扱い

（平14. 10. 18、民二第2474号民事局民事第二課長依命通知・先例集追X16頁、登研671号189頁〔解説付〕、月報58巻11号189頁）

登記名義人等の商号中にローマ字等が用いられている場合における不動産登記事務の取扱い

（平14. 10. 29、民二第2551号民事局民事第二課長依命通知・先例集追X28頁、登研663号151頁、月報58巻2号157頁）

租税特別措置法第78条の2第3項の規定により登録免許税の税率の軽減措置を受けるために農林水産大臣が発行する証明書の様式

（平14. 11. 5、民二第2617号民事局民事第二課長依命通知・先例集追X29頁、登研663号152頁、月報57巻12号164頁）

登録免許税法第4条第2項の規定による登録免許税の非課税の適用を受けるために厚生労働大臣が発行する証明書の様式

（平14. 11. 19、民二第2738号民事局民事第二課長依命通知・先例集追X35頁、登研664号117頁、月報58巻3号245頁）

登録免許税法第4条第2項の規定による登録免許税の非課税の適用を受け

るために厚生労働大臣が発行する証明書の様式

（平14．11．19、民二第2740号民事局民事第二課長依命通知・先例集追Ｘ40頁、登研664号122頁、月報58巻３号252頁）

元本の確定前に根抵当権者を分割会社とする会社分割があった場合の根抵当権に関する登記

（平14．12．25、民二第3214号民事局民事第二課長通知・先例集追Ｘ47頁、登研664号115頁〔解説付〕、月報58巻４号271頁）

登録免許税法第４条第２項の規定による登録免許税の非課税の適用を受けるために農林水産大臣等が発行する証明書の様式

（平15．１．15、民二第119号民事局民事第二課長依命通知・先例集追Ｘ49頁、登研664号129頁、月報58巻３号261頁）

金融機関等の組織再編成の促進に関する特別措置法の施行に伴う不動産登記事務の取扱い

（平15．１．27、民二第260号民事局長通達・先例集追Ｘ52頁、登研667号151頁〔解説付〕、月報58巻６号279頁）

不動産登記申請書に添付する場合における民事再生規則第20条第３項に規定する書面による監督委員の印影を証明するときの様式

（平15．１．31、民二第291号民事局民事第二課長依命通知・先例集追Ｘ58頁、登研665号147頁、月報58巻５号282頁）

不動産登記に関する通知書の取扱い

（平15．２．５、民二第341号民事局民事第二課長通知・先例集追Ｘ61頁、登研664号115頁、月報58巻３号266頁）

不動産登記事務取扱手続準則の一部改正

（平15．2．12、民二第406号民事局長通達・先例集追Ⅹ61頁、登研665号149頁、月報58巻5号286頁）

不動産登記申請における任意後見人の代理権限を証する書面

（平15．2．27、民二第601号民事局民事第二課長通知・先例集追Ⅹ61頁、登研667号164頁〔解説付〕、月報58巻6号293頁）

登記申請業務の下部委譲

（平15．3．26、民二第873号民事局民事第二課長依命通知・先例集追Ⅹ62頁、登研667号166頁、月報58巻6号295頁）

基盤技術研究促進センターの解散に伴う不動産登記事務の取扱い

（平15．3．27、民二第889号民事局民事第二課長依命通知・先例集追Ⅹ68頁、登研667号170頁、月報58巻6号303頁）

会社更生法（平成14年法律第154号）等の施行に伴う不動産登記事務の取扱い

（平15．3．31、民二第940号民事局長通達・先例集追Ⅹ70頁、登研687号205頁、月報59巻12号298頁）

所得税法等の一部を改正する法律の施行に伴う不動産登記事務の取扱い

（平15．4．1、民二第1022号民事局長通達・先例集追Ⅹ90頁、登研670号149頁〔解説670号47頁〕、月報58巻10号285頁）

日本郵政公社の設立に伴う不動産登記事務の取扱い

（平15．4．7、民二第1049号民事局民事第二課長依命通知・先例集追Ⅹ92頁、登研667号172頁、月報58巻6号308頁）

　登録免許税法第４条第２項の規定による登録免許税の非課税の適用を受けるために農林水産大臣が発行する証明書の様式

（平15．４．16、民二第1164号民事局民事第二課長依命通知・先例集追Ⅹ94頁、登研668号29頁、月報58巻７号269頁）

　租税特別措置法第80条の２の規定に基づく登録免許税の軽減に係る証明書の様式

（平15．４．16、民二第1166号民事局民事第二課長・民事局商事課長依命通知・先例集追Ⅹ97頁・316頁、登研668号32頁、月報58巻７号274頁）

　株式会社産業再生機構法第56条の規定により登録免許税の免税措置を受けるための主務大臣の書類の様式

（平15．４．22、民二第1222号民事局民事第二課長依命通知・先例集追Ⅹ102頁、登研668号37頁、月報58巻７号281頁）

　租税特別措置法第83条の３の規定に基づく登録免許税の軽減に係る証明書の様式

（平15．５．６、民二第1407号民事局民事第二課長依命通知・先例集追Ⅹ105頁、登研668号40頁、月報58巻７号286頁）

　租税特別措置法第78条の２第５項の規定により登録免許税の税率の軽減措置を受けるために農林水産大臣又は都道府県知事が発行する証明書及び農林水産大臣の書類の様式

（平15．５．21、民二第1533号民事局民事第二課長依命通知・先例集追Ⅹ109頁、登研669号153頁、月報58巻８号169頁）

　租税特別措置法第80条の３の規定に基づく登録免許税の軽減に係る証明

書の様式

（平15.　7.　2、民二第1885号民事局民事第二課長・民事局商事課長依命通知・先例集追Ⅹ113頁・367頁、登研670号151頁、月報58巻10号297頁）

マンションの建替えの円滑化等に関する法律による不動産登記に関する政令の施行に伴う登記事務の取扱い

（平15.　9.　8、民二第2522号民事局長通達・先例集追Ⅹ118頁、登研679号107頁〔解説679号67頁〕）

登録免許税法第4条第2項の規定による登録免許税の非課税の適用を受けるために国家公安委員会が発行する証明書の様式

（平15.　10.　23、民二第3162号民事局民事第二課長依命通知・先例集追Ⅹ160頁、登研672号149頁、月報58巻12号283頁）

マンションの建替えの円滑化等に関する法律による不動産登記に関する政令の申請書の様式

（平15.　10.　31、民二第3247号民事局民事第二課長依命通知・先例集追Ⅹ164頁、登研679号143頁）

独立行政法人農業者年金基金の設立に伴う不動産登記事務の取扱い

（平15.　11.　4、民二第3306号民事局民事第二課長依命通知・先例集追Ⅹ181頁、登研673号153頁、月報59巻1号264頁）

新エネルギー・産業技術総合開発機構の解散に伴う不動産登記事務の取扱い

（平15.　11.　19、民二第3455号民事局民事第二課長依命通知・先例集追Ⅹ186頁、登研673号168頁、月報59巻1号272頁）

独立行政法人農林漁業信用基金の発足に伴う不動産登記事務の取扱い

（平15. 11. 27、民二第3501号民事局民事第二課長依命通知・先例集追X
189頁、登研673号157頁、月報59巻 1 号278頁）

独立行政法人水資源機構の設立に伴う不動産登記事務の取扱い

（平15. 12. 1、民二第3543号民事局民事第二課長依命通知・先例集追X
191頁、登研673号158頁、月報59巻 1 号282頁）

住宅金融公庫法第17条第9項第1号の規定により住宅金融公庫が譲り受けた貸付債権に係る公正証書作成の嘱託、登記申請等に関する権限の包括委任

（平15. 12. 4、民二第3603号民事局長通達・先例集追X203頁、登研673号
171頁、月報59巻 1 号299頁）

登録免許税法第4条第2項の規定による登録免許税の非課税の適用を受けるために農林水産大臣が発行する証明書の様式

（平15. 12. 4、民二第3605号民事局民事第二課長依命通知・先例集追X
207頁、登研674号103頁、月報59巻 2 号280頁）

測量法及び水路業務法の一部を改正する法律の施行に伴う不動産登記事務の取扱い

（平15. 12. 9、民二第3641号民事局民事第二課長通知・先例集追X212頁、
登研688号181頁、月報60巻 2 号261頁）

登録免許税法第4条第2項の規定による登録免許税の非課税の適用を受けるために国土交通大臣が発行する証明書の様式

（平15. 12. 11、民二第3662号民事局民事第二課長依命通知・先例集追X
222頁、登研674号108頁、月報59巻 2 号287頁）

独立行政法人福祉医療機構の貸付けに関する公正証書の作成の嘱託、担保
権設定等の登記の申請等の包括委任状

　（平15．12．15、民二第3697号民事局長通達・先例集追Ⅹ228頁、登研674号
101頁、月報59巻 2 号294頁）

　日本鉄道建設公団の解散に伴う不動産登記事務の取扱い

　（平15．12．17、民二第3709号民事局民事第二課長依命通知・先例集追Ⅹ
231頁、登研675号89頁、月報59巻 3 号112頁）

　運輸施設整備事業団の解散に伴う不動産登記及び船舶登記事務の取扱い

　（平15．12．24、民二第3797号民事局民事第二課長依命通知・先例集追Ⅹ
239頁、登研675号97頁、月報59巻 3 号127頁）

　担保物権及び民事執行制度の改善のための民法等の一部を改正する法律の
施行に伴う不動産登記事務の取扱い

　（平15．12．25、民二第3817号民事局長通達・先例集追Ⅹ248頁、登研675号
105頁〔解説677号83頁〕、月報59巻 3 号141頁）

　認可地縁団体への所有権移転登記申請に係る登記原因の日付が地方自治法
第260条の 2 第 1 項の認可前である場合の当該所有権移転登記の可否

　（平16．1．21、民二第146号民事局民事第二課長通知・先例集追Ⅹ253頁、
登研675号109頁〔解説付〕、月報59巻 3 号146頁）

　登録免許税法第 4 条第 2 項の規定による登録免許税の非課税の適用を受け
るために外務大臣が発行する証明書の様式

　（平16．2．16、民二第426号民事局民事第二課長依命通知・先例集追Ⅹ254
頁、登研675号111頁、月報59巻 3 号148頁）

登録免許税法第４条第２項の規定による登録免許税の非課税の適用を受けるために文部科学大臣が発行する証明書の様式

（平16．２．23、民二第482号民事局民事第二課長依命通知・先例集追Ⅹ259頁、登研676号108頁、月報59巻４号209頁）

土地区画整理事業施行地区内の土地の分筆登記の取扱い

（平16．２．23、民二第492号民事局民事第二課長通知・先例集追Ⅹ259頁、登研676号97頁〔解説付〕、月報59巻４号216頁）

独立行政法人雇用・能力開発機構の設立に伴う不動産登記事務の取扱い

（平16．２．27、民二第566号民事局民事第二課長依命通知・先例集追Ⅹ264頁、登研676号100頁、月報59巻４号220頁）

独立行政法人福祉医療機構の発足に伴う不動産登記事務の取扱い

（平16．３．５、民二第646号民事局民事第二課長依命通知・先例集追Ⅹ273頁、登研677号142頁、月報59巻５号278頁）

不動産登記法第17条地図作製作業に伴う地積の更正登記等における「原因及びその日付」欄の記載

（平16．３．15、民二第731号民事局民事第二課長通知・先例集追Ⅹ275頁、登研681号95頁〔解説付〕、月報59巻９号89頁）

登録免許税法第４条第２項の規定による登録免許税の非課税の適用を受けるために文部科学大臣が発行する証明書の様式

（平16．３．15、民二第736号民事局民事第二課長依命通知・先例集追Ⅹ276頁、登研676号113頁、月報59巻４号231頁）

密集市街地における防災街区の整備の促進に関する法律等の一部を改正する法律の施行に伴う不動産登記事務の取扱い

（平16．3．19、民二第785号民事局長通達・先例集追Ⅹ282頁、登研688号190頁〔解説付〕、月報60巻2号234頁）

担保物権及び民事執行制度の改善のための民法等の一部を改正する法律の施行に伴う関係政令の整備に関する政令の施行に伴う不動産登記等の事務の取扱い

（平16．3．25、民二第864号民事局長通達・先例集追Ⅹ294頁、登研677号139頁〔解説677号83頁〕、月報59巻5号274頁）

東京地下鉄株式会社の設立に伴う不動産登記事務の取扱い

（平16．3．31、民二第940号民事局民事第二課長依命通知・先例集追Ⅹ298頁、登研677号143頁、月報59巻5号282頁）

船舶登記規則第21条の規定による変更の登記に関する嘱託書の様式

（平16．3．31、民二第949号民事局民事第二課長依命通知・先例集追Ⅹ301頁、登研678号139頁、月報59巻6号269頁）

法定外公共物等の譲与に伴う不動産登記事務の取扱い

（平16．4．7、民二第1150号民事局民事第二課長依命通知・先例集追Ⅹ303頁、登研690号191頁、月報60巻4号193頁）

船舶登記規則の改正に伴う船舶登記事務の取扱い

（平16．4．8、民二第1162号民事局長通達・先例集追Ⅹ308頁、登研681号96頁〔解説付〕、月報59巻8号287頁）

独立行政法人情報通信研究機構への承継に伴う不動産登記事務の取扱い

（平16．4．19、民二第1213号民事局民事第二課長依命通知・先例集追X 310頁、登研678号141頁、月報59巻6号273頁）

独立行政法人環境再生保全機構の成立に伴う不動産登記事務の取扱い
（平16．5．6、民二第1374号民事局民事第二課長依命通知・先例集追X 313頁、登研678号144頁、月報59巻6号279頁）

都市基盤整備公団の解散及び独立行政法人都市再生機構の設立に伴う不動産登記事務の取扱い
（平16．6．29、民二第1862号民事局民事第二課長依命通知・先例集追X 321頁、登研681号99頁、月報59巻8号289頁）

地域振興整備公団の解散並びに独立行政法人都市再生機構及び独立行政法人中小企業基盤整備機構の設立に伴う不動産登記事務の取扱い
（平16．6．29、民二第1863号民事局民事第二課長依命通知・先例集追X 339頁、登研681号115頁、月報59巻8号314頁）

登録免許税法第4条第2項の規定による登録免許税の非課税の適用を受けるために総務大臣が発行する証明書の様式
（平16．6．30、民二第1868号民事局民事第二課長依命通知・先例集追X 352頁、登研681号126頁、月報59巻8号332頁）

国土調査法に基づく地籍調査への協力
（平16．6．30、民二第1870号民事局長通達・先例集追X358頁、登研705号 111頁、月報60巻1号367頁）

国土調査法に基づく地籍調査への協力
（平16．6．30、民二第1871号民事局民事第二課長依命通知・先例集追X

362頁、登研705号115頁、月報60巻 1 号376頁）

　租税特別措置法第83条の 3 の規定に基づく登録免許税の税率の軽減に係る証明書の様式

　（平16. 8 . 10、民二第2224号民事局民事第二課長依命通知・先例集追Ｘ
365頁、登研682号147頁、月報59巻10号99頁）

　登録免許税法第 4 条第 2 項の規定による登録免許税の非課税の適用を受けるために文部科学大臣が発行する証明書の様式

　（平16. 9 . 17、民二第2553号民事局民事第二課長依命通知・先例集追Ｘ
368頁、登研682号149頁、月報59巻10号103頁）

　登記申請書のＡ 4 横書きの標準化

　（平16. 9 . 27、民二第2649号民事局民事第二課長依命通知・先例集追Ｘ
373頁、登研687号222頁、月報60巻 1 号379頁）

　租税特別措置法第80条及び第81条第 4 項の規定により登録免許税の税率の軽減措置を受けるために農林水産大臣が発行する証明書の様式

　（平16. 10. 20、民二第2889号民事局民事第二課長・民事局商事課長依命通
知・先例集追Ｘ387頁、登研685号213頁、月報59巻12号315頁）

　発泡ポリスチレン板（いわゆる発泡スチロール板）を主たる構成材料とし、接着剤とボルトで接合したドーム型の建造物の建物認定

　（平16. 10. 28、民二第2980号民事局民事第二課長回答・先例集追Ｘ400頁、
登研687号236頁〔解説付〕、月報59巻12号325頁）

　破産法（平成16年法律第75号）の施行に伴う不動産登記事務の取扱い

　（平16. 12. 16、民二第3554号民事局長通達・先例集追Ｘ424頁、登研687号

261頁、月報60巻 2 号279頁）

　独立行政法人緑資源機構の設立に伴う不動産登記事務の取扱い（森林開発公団からの承継に係るもの）

　（平16．12．24、民二第3669号民事局民事第二課長依命通知・先例集追Ⅹ454頁、登研688号213頁、月報60巻 3 号351頁）

　独立行政法人緑資源機構の設立に伴う不動産登記事務の取扱い（農用地整備公団からの承継に係るもの）

　（平17．1．4、民二第11号民事局民事第二課長依命通知・先例集追Ⅹ463頁、登研688号221頁、月報60巻 3 号366頁）

　不動産登記事務取扱手続準則の改正

　（平17．2．25、民二第456号民事局長通達・先例集追Ⅹ474頁、登研686号235頁）

　不動産登記法（平成16年法律第123号）の施行に伴う登記事務の取扱い

　（平17．2．25、民二第457号民事局長通達・先例集追Ⅹ596頁、登研686号344頁）

　財団登記事務取扱手続準則の改正

　（平17．3．2、民二第582号民事局長通達・先例集追Ⅺ 1 頁、登研705号118頁、月報61巻 9 号265頁）

　行政事件訴訟法の一部を改正する法律の施行に伴う不動産登記事務の取扱い

　（平17．3．31、民二第851号民事局長通達・先例集追Ⅺ17頁、登研690号196頁、月報60巻 5 号479頁）

不動産登記法附則第3条第1項の規定による指定を受けた事務に係る登記簿の改製作業等の取扱い

（平17．4．18、民二第1009号民事局長通達・先例集追XI23頁、登研690号202頁、月報60巻6号219頁）

不動産登記事務取扱手続準則の一部改正

（平17．6．2、民二第1283号民事局長通達・先例集追XI31頁、登研691号187頁、月報60巻7号251頁）

地図等の訂正の申し出に対する却下決定

（平17．6．23、民二第1423号民事局民事第二課長通知・先例集追XI31頁、登研691号187頁、月報60巻7号253頁）

官職証明書カードの取扱い

（平17．6．28、民二第1449号民事局長通達・先例集追XI32頁、登研715号1頁、月報61巻5号81頁）

有限責任事業組合契約に関する法律の施行に伴う不動産登記事務の取扱い

（平17．7．26、民二第1665号民事局長通達・先例集追XI36頁、登研693号165頁〔解説付〕、月報60巻9号240頁）

賃借権の設定の登記の登記原因の日付等

（平17．7．28、民二第1690号民事局民事第二課長通知・先例集追XI37頁、登研695号93頁〔解説付〕、月報60巻10号200頁）

元本の確定前又は確定後における会社分割を原因とする根抵当権の移転の登記の申請の登記原因証明情報

（平17．8．8、民二第1811号民事局民事第二課長通知・先例集追Ⅺ37頁、
登研700号119頁、月報61巻5号86頁）

不動産登記事務取扱手続準則の一部改正

（平17．8．15、民二第1812号民事局長通達・先例集追Ⅺ38頁、登研693号
169頁、月報60巻9号245頁）

司法書士補助者による登記識別情報の通知の受領

（平17．9．1、民二第1976号民事局民事第二課長通知・先例集追Ⅺ40頁、
登研697号189頁〔解説付〕、月報61巻1号263頁）

租税特別措置法第83条の規定に基づく登録免許税の軽減に係る証明書の様式

（平17．10．14、民二第2408号民事局民事第二課長依命通知・先例集追Ⅺ51
頁、登研706号103頁、月報60巻11号177頁）

土地家屋調査士補助者による登記識別情報の通知の受領

（平17．11．9、民二第2598号民事局民事第二課長通知・先例集追Ⅺ61頁、
登研697号199頁〔解説付〕、月報61巻1号283頁）

登録免許税法第4条第2項の規定による登録免許税の非課税の適用を受けるために国土交通大臣が発行する証明書の様式

（平17．11．25、民二第2703号民事局民事第二課長依命通知・先例集追Ⅺ70
頁、登研699号159頁、月報61巻1号305頁）

不動産登記法等の一部を改正する法律の施行に伴う筆界特定手続に関する事務の取扱い

（平17．12．6、民二第2760号民事局長通達・先例集追Ⅺ76頁、登研696号

197頁、月報61巻 1 号312頁）

　住宅金融公庫業務に関する包括委任状及び住宅金融公庫法第17条第 9 項第 1 号の規定により住宅金融公庫が譲り受けた貸付債権に係る公正証書作成の嘱託、登記申請等に関する権限の包括委任状の一部変更

　（平17．12．12、民二第2816号民事局民事第二課長依命通知・先例集追 XI
152頁、登研702号127頁、月報61巻 1 号412頁）

　道路関係四公団の解散並びに東日本高速道路株式会社ほか五高速道路株式会社及び独立行政法人日本高速道路保有・債務返済機構の設立に伴う不動産登記事務の取扱い

　（平17．12．13、民二第2825号民事局民事第二課長依命通知・先例集追 XI
156頁、登研707号123頁〔解説付〕、月報61巻 2 号279頁）

　不動産登記事務取扱手続準則の一部改正

　（平17．12．22、民二第2904号民事局長通達・先例集追 XI176頁、登研701号
119頁、月報61巻 2 号305頁）

　筆界特定の申請における対象土地の価額の算定事務の取扱い

　（平17．12．26、民二第2892号民事局民事第二課長通知・先例集追 XI176頁、
登研715号 6 頁、月報61巻 2 号306頁）

　筆界特定の手続に関する保管金の取扱いに関する規程

　（平18．1．6、会訓第16号法務大臣訓令・先例集追 XI181頁、登研715号 9
頁、月報61巻 3 号423頁）

　筆界特定がされた場合における登記事務の取扱い

　（平18．1．6、民二第27号民事局民事第二課長依命通知・先例集追 XI182

頁、登研699号149頁〔解説付〕、月報61巻2号309頁）

筆界特定の手続に関する保管金の取扱い

（平18．1．6、民二第33号大臣官房会計課長・民事局長通達・先例集追XI
186頁、登研705号142頁、月報61巻3号425頁）

不動産登記法第128条の審査請求をすることができる旨の教示

（平18．1．18、民二第101号民事局民事第二課長通知・先例集追XI207頁、
登研701号120頁〔解説付〕、月報61巻3号445頁）

独立行政法人雇用・能力開発機構業務（雇用促進融資業務及び勤労者財産形成融資業務）に関する包括委任状の一部変更

（平18．1．30、民二第211号民事局民事第二課長依命通知・登研701号126
頁、月報61巻3号454頁）

固定資産評価替えに伴う評価額のない新築建物の課税標準価額の認定基準

（平18．1．30、民二第212号民事局民事第二課長依命通知・先例集追XI212
頁、登研702号131頁、月報61巻3号460頁）

権利の一部について否認の登記がされている場合の否認の登記の抹消等

（平18．2．16、民二第415号民事局民事第二課長通知・先例集追XI221頁、
登研701号131頁〔解説付〕、月報61巻4号107頁）

被相続人が登記名義人となる所有権の移転の登記を相続人が申請した場合の当該相続人に対する登記識別情報の通知

（平18．2．28、民二第523号民事局民事第二課長通知・先例集追XI224頁、
登研701号137頁、月報61巻4号116頁）

不動産登記規則第93条に規定する土地家屋調査士又は土地家屋調査士法人が作成する調査に関する報告の様式

（平18．3．15、民二第657号民事局民事第二課長通知・先例集追XI224頁、登研715号10頁、月報61巻4号119頁）

会社法等の施行に伴う不動産登記事務の取扱い

（平18．3．29、民二第755号民事局長通達・先例集追XI258頁、登研700号119頁〔解説付〕、月報61巻5号89頁）

「不動産登記申請書に添付する場合における民事再生規則第20条第3項に規定する書面による監督委員の印影を証明するときの様式について」の一部改正

（平18．3．29、民二第759号民事局民事第二課長依命通知・先例集追XI264頁、登研701号137頁、月報61巻5号104頁）

不動産登記規則第43条第2項に規定する法務大臣の定める電子証明書

（平18．3．29、民二第762号民事局民事第二課長通知・先例集追XI268頁、登研709号187頁、月報61巻5号109頁）

一の申請情報によってする登記の申請

（平18．4．3、民二第799号民事局民事第二課長依命通知・先例集追XI270頁、登研720号81頁、月報62巻10号185頁）

租税特別措置法第79条の規定に基づく漁船の登録免許税の軽減措置に係る証明

（平18．4．6、民二第951号民事局民事第二課長通知・先例集追XI273頁、登研701号141頁、月報61巻5号116頁）

租税特別措置法第80条の３の規定に基づく登録免許税の税率の軽減措置に係る証明書の様式

（平18.４.19、民二第1034号民事局民事第二課長依命通知・先例集追XI 273頁、登研706号113頁、月報61巻５号118頁）

不動産登記規則附則第16条の登記手続

（平18.５.25、民二第1277号民事局民事第二課長通知・先例集追XI283頁、登研705号162頁、月報61巻７号81頁）

租税特別措置法第83条の規定に基づく登録免許税の軽減に係る証明書の様式

（平18.６.５、民二第1329号民事局民事第二課長依命通知・先例集追XI 283頁、登研706号122頁、月報61巻７号82頁）

年金資金運用基金の解散に伴う不動産登記事務の取扱い

（平18.６.22、民二第1427号民事局民事第二課長通知・先例集追XI294頁、登研715号45頁、月報62巻１号123頁）

年金資金運用基金の解散に伴う不動産登記事務の取扱い

（平18.７.４、民二第1496号民事局民事第二課長依命通知・登研707号145頁、先例集追XI300頁、月報61巻８号167頁）

市町村合併による承継の登記の要否

（平18.７.26、民二第1722号民事局民事第二課長通知・先例集追XI338頁、登研705号162頁、月報61巻９号291頁）

租税特別措置法第79条、第81条第８項、同条第９項及び同条第10項の規定により登録免許税の税率の軽減措置を受けるために農林水産大臣が発行す

る証明書の様式

（平18.　8.　1、民二第1761号民事局民事第二課長・民事局商事課長依命通知・先例集追Ⅺ338頁、登研706号133頁、月報61巻9号294頁）

地図情報システムに登録された地図等に係る登記事務の取扱い

（平18.　9.　20、民二第2212号民事局民事第二課長通知・先例集追Ⅺ347頁、登研710号85頁、月報62巻3号195頁）

租税特別措置法第80条の2第1項の規定に基づく登録免許税の税率の軽減措置に係る証明書の様式

（平18.　9.　28、民二第2258号民事局民事第二課長・民事局商事課長依命通知・先例集追Ⅺ354頁・724頁、登研715号90頁、月報61巻11号118頁）

「租税特別措置法第78条の2第1項の規定により登録免許税の税率の軽減措置を受けるために農林水産大臣が発行する証明書の様式について」及び「租税特別措置法第78条の2第2項の規定により登録免許税の税率の軽減措置を受けるために農林水産大臣又は都道府県知事が発行する証明書の様式について」の廃止

（平18.　9.　28、民二第2260号民事局民事第二課長依命通知・先例集追Ⅺ361頁、登研709号190頁、月報61巻11号126頁）

租税特別措置法第82条の3の規定に基づく登録免許税の軽減に係る証明書の様式

（平18.　10.　26、民二第2475号民事局民事第二課長依命通知・先例集追Ⅺ362頁、登研715号96頁、月報61巻12号81頁）

租税特別措置法第80条の2第3項の規定に基づく登録免許税の税率の軽減措置に係る証明書の様式

（平18. 11. 6、民二第2519号民事局民事第二課長・民事局商事課長依命通知・先例集追XI365頁・730頁、登研715号99頁、月報61巻12号86頁）

土地改良施設機能更新等円滑化対策事業に係る土地改良法第118条の適用による簿書の閲覧若しくは謄写又は謄本の交付

（平18. 12. 20、民二第2854号民事局民事第二課長通知・先例集追XI372頁、登研715号51頁、月報62巻2号189頁）

第三者のためにする売買契約の売主から当該第三者への直接の所有権の移転の登記の申請又は買主の地位を譲渡した場合における売主から買主の地位の譲受人への直接の所有権の移転の登記の申請の可否

（平19. 1. 12、民二第52号民事局民事第二課長通知・先例集追XII1頁、登研708号141頁〔解説付〕、月報62巻2号193頁）

独立行政法人雇用・能力開発機構業務（雇用促進融資業務及び勤労者財産形成融資業務）に関する包括委任状の一部変更

（平19. 3. 28、民二第784号民事局民事第二課長依命通知・先例集追XII4頁、登研714号117頁、月報62巻5号142頁）

独立行政法人福祉医療機構業務に関する包括委任状の一部変更

（平19. 3. 28、民二第786号民事局民事第二課長依命通知・先例集追XII7頁、登研714号120頁、月報62巻5号147頁）

住宅金融公庫及び財団法人公庫住宅融資保証協会から独立行政法人住宅金融支援機構への権利及び義務の承継に伴う不動産登記事務の取扱い

（平19. 3. 28、民二第788号民事局長通知・先例集追XII9頁、登研713号111頁、月報62巻5号151頁）

土地改良登記令等による登記申請書の様式等

　（平19. 3．29、民二第795号民事局民事第二課長依命通知・先例集追XⅡ44頁、登研715号53頁、月報62巻 5 号217頁）

　　登録免許税法第 4 条第 2 項及び租税特別措置法第74条の 2 の規定に基づく登録免許税の非課税の適用を受けるために国土交通大臣が発行する証明書の様式

　（平19. 4． 2、民二第821号民事局民事第二課長依命通知・先例集追XⅡ70頁、登研714号122頁、月報62巻 5 号257頁）

　　建物の表題登記の取扱い

　（平19. 4．13、民二第896号民事局民事第二課長依命通知・先例集追XⅡ76頁、登研717号53頁〔解説付〕、月報62巻 6 号166頁）

　　司法書士等に対する懲戒処分に関する訓令

　（平19. 5．17、民二訓第1081号法務大臣訓令・先例集追XⅡ89頁、登研717号72頁、月報62巻 6 号188頁）

　　土地家屋調査士等に対する懲戒処分に関する訓令

　（平19. 5．17、民二訓第1082号法務大臣訓令・先例集追XⅡ92頁、登研717号75頁、月報62巻 6 号191頁）

　　独立行政法人日本原子力研究開発機構の設立に伴う不動産登記事務の取扱い

　（平19. 5．30、民二第1177号民事局民事第二課長依命通知・先例集追XⅡ95頁、登研717号78頁、月報62巻 7 号139頁）

　　租税特別措置法第77条の規定により登録免許税の税率の軽減措置を受け

るために市町村長が発行する証明書の様式

（平19．5．31、民二第1183号民事局民事第二課長依命通知・先例集追XII
110頁、登研717号103頁、月報62巻7号166頁）

　**租税特別措置法第83条の規定に基づく登録免許税の軽減に係る証明書の
様式**

（平19．6．25、民二第1324号民事局民事第二課長依命通知・先例集追XII
112頁、登研717号105頁、月報62巻8号166頁）

　**登録免許税法第4条第2項の規定による登録免許税の非課税の適用を受け
るために農林水産大臣が発行する証明書の様式**

（平19．7．17、民二第1435号民事局民事第二課長依命通知・先例集追XII
120頁、登研719号141頁、月報62巻8号189頁）

　民活と各省連携による地籍整備の推進の今後の方向性

（平19．7．19、民二第1459号民事局民事第二課長通知・先例集追XII124頁、
登研723号149頁、月報63巻3号79頁）

　**財団法人法律扶助協会から日本司法支援センターへの権利及び義務の承継
等に伴う不動産登記の取扱い**

（平19．8．8、民二第1616号民事局民事第二課長依命通知・先例集追XII
133頁、登研719号131頁、月報62巻9号143頁）

　**租税特別措置法第80条の規定に基づく登録免許税の軽減に係る証明書の
様式**

（平19．8．10、民二・民商第1633号民事局民事第二課長・民事局商事課長
依命通知・先例集追XII47頁・139頁、登研719号146頁、月報62巻9号155頁）

郵政民営化に伴う日本郵政公社から日本郵政株式会社ほか4社に財産を承継する場合の不動産登記事務の取扱い

（平19．9．19、民二第1949号民事局民事第二課長依命通知・先例集追XII 144頁、登研720号84頁〔解説付〕、月報62巻10号188頁）

旧日本道路公団、旧首都高速道路公団、旧阪神高速道路公団及び旧本州四国連絡橋公団の所有する土地の所有権の移転に伴う登記事務の取扱い

（平19．9．26、民二第2054号民事局民事第二課長依命通知・先例集追XII 156頁、登研721号139頁、月報62巻10号217頁）

不動産登記事務取扱手続準則の一部改正

（平19．9．28、民二第2047号民事局長通達・先例集追XII 158頁、登研716号71頁、月報62巻11号116頁）

信託法等の施行に伴う不動産登記事務の取扱い

（平19．9．28、民二第2048号民事局長通達・先例集追XII 159頁、登研716号72頁、月報62巻11号118頁）

不動産登記規則等の改正に伴う身分証明書様式の変更

（平19．9．28、民二第2049号民事局長通達・先例集追XII 190頁、登研716号115頁、月報62巻11号161頁）

独立行政法人福祉医療機構が保有する貸付債権に係る独立行政法人住宅金融支援機構への債権譲渡に伴う不動産登記事務の取扱い

（平19．10．2、民二第2114号民事局民事第二課長依命通知・先例集追XII 191頁、登研722号99頁、月報62巻11号163頁）

担保権の登記がある土地又は建物について合筆の登記又は建物の合併の登

記がされた後、当該担保権の登記名義人を登記義務者として登記の申請をする場合に提供すべき登記識別情報

（平19. 10. 15、民二第2205号民事局民事第二課長通知・先例集追XⅡ197頁、登研720号110頁〔解説付〕、月報62巻11号170頁）

日本郵政公社共済組合から日本郵政共済組合への名称変更に伴う抵当権の登記の抹消の手続

（平19. 12. 12、民二第2693号民事局民事第二課長依命通知・先例集追XⅡ197頁、登研721号142頁、月報63巻 2 号151頁）

借地借家法の一部を改正する法律及び借地借家法の一部を改正する法律の施行に伴う関係政令の整備に関する政令の施行に伴う不動産登記事務の取扱い

（平19. 12. 28、民二第2828号民事局長通達・先例集追XⅡ201頁、登研721号146頁、月報63巻 3 号88頁）

不動産登記令の一部改正等に伴う登記事務の取扱い

（平20. 1. 11、民二第57号民事局長通達・先例集追XⅡ207頁、登研720号112頁、月報63巻 2 号158頁）

不動産登記事務取扱手続準則の一部改正

（平20. 1. 11、民二第58号民事局長通達・先例集追XⅡ218頁、登研720号122頁、月報63巻 2 号168頁）

エヌ・ティ・ティ企業年金基金がエヌ・ティ・ティ厚生年金基金から承継する不動産の登記事務の取扱い

（平20. 1. 24、民二第302号民事局民事第二課長依命通知・先例集追XⅡ219頁、登研722号105頁、月報63巻 2 号172頁）

不動産登記規則第63条の2の新設に伴う不動産登記嘱託の取扱い

（平20．2．20、民二第653号民事局民事第二課長通知・先例集追XII226頁、登研723号156頁、月報63巻3号92頁）

不動産登記規則第43条第2項に規定する法務大臣の定める電子証明書

（平20．2．27、民二第744号民事局民事第二課長通知・先例集追XII228頁、登研724号49頁、月報63巻4号145頁）

租税特別措置法第84条の5の施行に伴う不動産登記事務の取扱い

（平20．2．29、民二第761号民事局民事第二課長通知・先例集追XII228頁、登研724号49頁、月報63巻4号146頁）

不動産登記令附則第5条第1項の規定による（根）抵当権の債務者の氏名若しくは名称又は住所についての変更の登記又は更正の登記の申請における同条第4項の規定に基づく書面に記載された登記原因を証する情報を記録した電磁的記録の提供の要否

（平20．3．19、民二第950号民事局民事第二課長通知・先例集追XII230頁、登研725号127頁、月報63巻4号148頁）

電子申請における不動産登記規則第67条に規定される登記識別情報の提供の省略の可否

（平20．6．20、民二第1738号民事局民事第二課長通知・先例集追XII231頁、登研725号127頁〔解説付〕、月報63巻9号119頁）

独立行政法人緑資源機構の解散に伴う不動産登記事務の取扱い

（平20．8．18、民二第2232号民事局民事第二課長依命通知・先例集追XII232頁、登研734号57頁、月報63巻10号69頁）

商工組合中央金庫の株式会社商工組合中央金庫への転換に伴う不動産登記事務の取扱い
（平20．9．12、民二第2473号民事局民事第二課長依命通知・先例集追XII258頁、登研730号141頁、月報63巻10号113頁）

株式会社日本政策投資銀行の設立に伴う不動産登記事務の取扱い
（平20．9．19、民二第2500号民事局民事第二課長依命通知・先例集追XII262頁、登研731号135頁、月報63巻11号78頁）

シティバンク、エヌ・エイを登記名義人とする抵当権等の登記の抹消の取扱い
（平20．9．24、民二第2550号民事局民事第二課長通知・先例集追XII272頁、登研731号146頁、月報63巻11号91頁）

株式会社日本政策金融公庫の設立に伴う不動産登記事務の取扱い
（平20．9．30、民二第2633号民事局民事第二課長依命通知・先例集追XII279頁、登研734号100頁、月報63巻11号100頁）

信託の仮登記がされた一般の先取特権保存の仮登記と共同担保の関係にある別の不動産にされた一般の先取特権保存の仮登記について、追加で、仮登記の移転の仮登記及び信託の仮登記をする場合の登録免許税
（平20．10．28、民二第2861号民事局民事第二課長通知・先例集追XII318頁、登研733号141頁〔解説付〕、月報63巻12号117頁）

一般社団法人及び一般財団法人に関する法律等の施行に伴う不動産登記事務の取扱い
（平20．11．26、民二第3042号民事局長通達・先例集追XII319頁、登研732号

85頁、月報64巻1号257頁)

　農地について所有権に係る移転請求権保全の仮登記及び条件付権利（又は
期限付権利）の仮登記の申請があった場合の取扱い
　（平20. 12. 1、民二第3071号民事局民事第二課長依命通知・月報64巻3号
171頁）

　租税特別措置法第83条の4の規定に基づく登録免許税の軽減に係る証明
書の様式
　（平20. 12. 2、民二第3103号民事局民事第二課長依命通知・先例集追XII
325頁、登研732号91頁、月報64巻1号263頁)

　閉鎖登記簿及び和紙公図の電子化並びに不動産登記の申請情報等の保存期
間の延長に伴う事務の取扱い
　（平21. 1. 14、民二第76号民事局民事第二課長通知・先例集追XII331頁、
登研737号131頁、月報64巻5号207頁）

　株式会社日本政策金融公庫が用いる包括委任状の様式の改正
　（平21. 3. 6、民二第558号民事局民事第二課長依命通知・先例集追XII334
頁、登研736号153頁、月報64巻4号135頁）

　租税特別措置法第80条の2第1項及び第2項の規定に基づく登録免許税
の税率の軽減措置に係る証明書の様式
　（平21. 3. 12、民二・民商第625号民事局民事第二課長・民事局商事課長
依命通知・先例集追XII338頁、登研738号140頁、月報64巻4号152頁）

　「遺産分割による代償譲渡」を登記原因とする所有権の移転の登記の可否
　（平21. 3. 13、民二第646号民事局民事第二課長通知・先例集追XII344頁、

登研738号137頁、月報64巻5号221頁）

法務省オンライン申請システムに障害が発生したことにより不動産登記及び商業・法人登記のオンライン申請の受信が完了しなかった場合の特別措置
（平21．3．17、民二・民商第700号民事局長通達・先例集追XII347頁、登研737号134頁、月報64巻5号227頁）

法務省オンライン申請システムに障害が発生したことにより不動産登記及び商業・法人登記のオンライン申請の受信が完了しなかった場合の特別措置に係る事務処理要領
（平21．3．17、民二・民商第701号民事局民事第二課長・民事局商事課長依命通知・先例集追XII350頁、登研737号136頁、月報64巻5号230頁）

独立行政法人住宅金融支援機構の抵当権の設定の登記に関する取扱い
（平21．3．19、民二第714号民事局民事第二課長依命通知・先例集追XII368頁、登研736号156頁、月報64巻4号140頁）

登録免許税法第4条第2項の規定により登録免許税の非課税措置を受けるために農林水産大臣等が発行する証明書の様式の変更について
（平21．3．24、民二第747号民事局民事第二課長依命通知・月報64巻5号247頁）

登記所備付地図作成作業と地籍調査との連携
（平21．5．20、民二第1225号民事局民事第二課長依頼・先例集追XII377頁、登研740号97頁、月報64巻11号121頁）

登録免許税の還付金を登記の申請代理人が受領する場合の取扱い
（平21．6．16、民二・民商第1440号民事局民事第二課長・民事局商事課長

依命通知・先例集追XII379頁、登研739号119頁、月報64巻7号113頁)

　長期優良住宅の普及の促進に関する法律等の施行に伴う住宅用家屋の保存
登記等の登録免許税の軽減措置に係る市町村長の証明事務の取扱い
　(平21．6．18、民二第1485号民事局民事第二課長依命通知・先例集追XII
383頁、登研739号85頁、月報64巻7号77頁)

　租税特別措置法第80条の規定に基づく登録免許税の軽減に係る証明書の
様式
　(平21．6．22、民二・民商第1492号民事局民事第二課長・民事局商事課長
依命通知・先例集追XII400頁、登研739号123頁、月報64巻7号119頁)

　不動産登記事務取扱手続準則の一部改正
　(平21．7．3、民二第1636号民事局長通達・先例集追XII405頁、登研739号
117頁、月報64巻8号90頁)

　日本国有鉄道が所有権の登記名義人となっている土地の所有権の移転の登
記の嘱託に係る不動産登記事務の取扱い
　(平21．9．11、民二第2146号民事局民事第二課長依命通知・先例集追XII
405頁、登研743号79頁、月報64巻10号76頁)

　株式会社企業再生支援機構法第60条の規定により登録免許税の免税措置
を受けるための主務大臣の書類の様式
　(平21．9．25、民二第2275号民事局民事第二課長依命通知・先例集追XII
414頁、登研741号73頁、月報64巻10号92頁)

　独立行政法人住宅金融支援機構が発行する不動産登記申請関係書類への押
印の取扱い

（平21. 11. 2、民二第2641号民事局民事第二課長依命通知・先例集追Ⅻ
417頁、登研744号75頁、月報64巻12号89頁）

**水俣病被害者の救済及び水俣病問題の解決に関する特別措置法第31条の
規定に基づく登録免許税の軽減に係る証明書の様式**

（平21. 11. 4、民二・民商第2652号民事局民事第二課長・民事局商事課長
依命通知・先例集追Ⅻ418頁、登研743号93頁、月報64巻12号92頁）

租税特別措置法第84条の5の施行に伴う登記の取扱い

（平21. 12. 1、民二第2853号民事局民事第二課長通知・先例集追Ⅻ422頁、
登研744号76頁〔解説付〕、月報65巻1号161頁）

**租税特別措置法第76条及び第77条の規定により登録免許税の税率の軽減
措置を受けるために都道府県知事、市町村長及び農業委員会会長が発行する
証明書の様式**

（平21. 12. 7、民二第2900号民事局民事第二課長依命通知・先例集追Ⅻ
433頁、登研748号117頁、月報65巻2号94頁）

「農地法に基づく登記の特例等についての取扱要領」の一部改正

（平21. 12. 15、民二第2991号民事局民事第二課長依命通知・先例集追Ⅻ
439頁、登研747号73頁、月報65巻2号102頁）

**厚生年金保険法第100条の4等の規定により日本年金機構又は財務大臣に
対して事務委任された滞納処分による差押え等の登記の嘱託**

（平22. 1. 21、民二第175号民事局民事第二課長依命通知・登研746号105
頁、月報65巻3号168頁）

電子申請において提供された土地所在図等を表示することができない場合

等の通知

（平22．1．22、民二第177号民事局民事第二課長通知・登研751号101頁）

コンビニエンスストアにおいて交付された印鑑証明書及び住民票の写しの取扱い

（平22．1．29、民二・民商第240号民事局民事第二課長・民事局商事課長通知・登研749号111頁、月報65巻4号273頁）

日本年金機構の成立に伴う不動産登記事務の取扱い

（平22．3．24、民二第744号民事局民事第二課長依命通知・登研749号113頁、月報65巻5号130頁）

不動産登記事務取扱手続準則の一部改正

（平22．4．1、民二第874号民事局長通達・登研750号161頁、月報65巻5号136頁）

租税特別措置法第83条の2の規定に基づく登録免許税の軽減に係る証明書の様式

（平22．4．1、民二第890号民事局民事第二課長依命通知・登研750号168頁、月報65巻5号144頁）

「相続分の売買」を登記原因とする土地の所有権の移転の登記に係る登録免許税の租税特別措置法第72条の適用の可否

（平22．4．2、民二第908号民事局民事第二課長通知・登研750号178頁、月報65巻5号157頁）

所得税法等の一部を改正する法律（平成22年法律第6号）による租税特別措置の廃止に伴う事務の取扱い

（平22．4．21、民二第1039号民事局民事第二課長依命通知・登研752号135頁、月報65巻6号202頁）

　厚生年金保険法第100条の4等の規定により日本年金機構に委任された厚生年金保険料の滞納処分等の業務を実施するために必要な登記事項証明書の交付請求に係る取扱い
（平22．4．27、民二・民商第1071号民事局民事第二課長・民事局商事課長依命通知・月報65巻6号215頁）

　不動産登記規則第124条第4項等の規定により従前の登記記録の権利部の相当区を閉鎖する場合の登記事務の取扱い
（平22．5．17、民総・民二第1151号民事局総務課長・民事局民事第二課長通知・月報65巻6号226頁）

　相続人の中に破産者がいる場合の相続の登記の申請における相続を証する情報の取扱い
（平22．8．24、民二第2078号民事局民事第二課長通知・登研755号137頁、月報65巻10号72頁）

　独立行政法人年金・健康保険福祉施設整理機構法附則第3条第1項の規定に基づく権利の承継に係る不動産登記事務の取扱い
（平22．10．8、民二第2528号民事局民事第二課長依命通知・登研755号141頁、月報65巻11号134頁）

　権利能力なき社団の構成員全員の総有に属する第三者名義の不動産に対する強制執行における登記嘱託
（平22．10．12、民二第2558号民事局民事第二課長依命通知・月報65巻11号143頁）

行政区画の変更に伴う登記名義人等の住所の変更に係る登記事務の取扱い

（平22．11．1、民二第2759号民事局民事第二課長通知・登研755号149頁、月報65巻12号75頁）

弁護士法第23条の2に基づく照会（質権の実行による信託受益権の移転に伴う受益者の変更の登記手続）

（平22．11．24、民二第2949号民事局民事第二課長回答・登研758号135頁〔解説付〕、月報66巻1号203頁）

不動産登記事務取扱手続準則の一部改正

（平23．1．14、民二第91号民事局長通達・登研758号138頁、月報66巻2号77頁）

登記・供託オンライン申請システム運用管理要領の制定

（平23．1．31、民総第238号民事局長通達・月報66巻3号194頁）

登記オンライン申請受付代行システムにおける電子申請に関する不動産登記事務の取扱い

（平23．1．31、民二第239号民事局民事第二課長通知・月報66巻3号256頁）

「表示に関する登記における実地調査に関する指針」の改定

（平23．3．23、民二第728号民事局民事第二課長依命通知・月報66巻5号103頁）

不動産登記事務取扱手続準則の一部改正

（平23．3．25、民二第644号民事局長通達・登研762号95頁、月報66巻5号

114頁）

不動産登記規則等の一部改正に伴う登記事務の取扱い

（平23．3．25、民二第767号民事局長通達・登研762号99頁、月報66巻5号
119頁）

不動産登記規則等の一部改正に伴う登記事務の取扱い

（平23．3．25、民二第768号民事局民事第二課長依命通知・登研762号104
頁、月報66巻5号124頁）

**不動産登記規則第124条第4項等の規定により従前の登記記録の権利部の
相当区を閉鎖する場合の登記事務の取扱い**

（平23．3．25、民総・民二第769号民事局総務課長・民事局民事第二課長
依命通知・月報66巻5号128頁）

**東日本大震災に伴う不動産登記及び商業・法人登記における不正登記防止
申出の取扱い**

（平23．4．14、民二・民商第962号民事局長通達・登研763号125頁、月報
66巻5号129頁）

**東日本大震災の被災者等に係る国税関係法律の臨時特例に関する法律の施
行に伴う不動産登記事務及び船舶登記事務の取扱い**

（平23．4．28、民二第1082号民事局民事第二課長依命通知・登研762号108
頁〔解説付〕、月報66巻6号80頁）

**東日本大震災の被災者等に係る登記事項証明書等の交付についての手数料
の特例に関する政令等の施行に伴う不動産登記事務及び船舶登記事務の取扱
い**

（平23．5．13、民二第1165号民事局長通達・登研762号134頁〔解説付〕、
月報66巻 6 号106頁）

「不動作登記法の施行に伴う登記事務の取扱いについて」の一部改正
（平23．5．26、民二第1292号民事局長通達・月報66巻 7 号297頁）

登録免許税法第４条第２項の規定による登録免許税の非課税の適用を受けるために国土交通大臣が発行する証明書の様式
（平23．7．1、民二第1570号民事局民事第二課長依命通知・登研764号133
頁、月報66巻 8 号70頁）

租税特別措置法第82条の３の規定に基づく外貿埠頭業務用不動産の所有権の移転登記の税率の軽減に係る国土交通大臣の証明書の様式
（平23．7．11、民二第1643号民事局民事第二課長依命通知・登研764号138
頁、月報66巻 8 号75頁）

租税特別措置法第77条の規定により登録免許税の税率の軽減措置を受けるために市町村長が発行する証明書の様式
（平23．7．22、民二第1753号民事局民事第二課長依命通知・登研766号171
頁、月報66巻 9 号109頁）

租税特別措置法第80条の２第１項及び第２項の規定に基づく登録免許税の税率の軽減措置に係る証明書の様式並びに東日本大震災の被災者等に係る国税関係法律の臨時特例に関する法律第41条の２第１項の規定に基づく登録免許税の税率の軽減措置に係る証明書の様式（平26．4．1、民二第237号依命通知により変更又は廃止）
（平23．8．4、民二・民商第1834号民事局民事第二課長・民事局商事課長
依命通知・登研768号119頁、月報66巻 9 号113頁）

独立行政法人住宅金融支援機構に係る包括委任状等の一部変更

（平23．9．21、民二第2239号民事局民事第二課長依命通知・登研770号117頁、月報66巻11号115頁）

独立行政法人高齢・障害・求職者雇用支援機構及び独立行政法人勤労者退職金共済機構への権利・義務の承継に伴う不動産登記事務の取扱い

（平23．9．22、民二第2269号民事局民事第二課長依命通知・登研770号123頁、月報66巻11号122頁）

東日本大震災に関し被災者生活再建支援法が適用された地域に所在する不動産についての所有権の移転等の登記における登録免許税の課税標準の取扱い

（平23．10．24、民二第2504号民事局民事第二課長依命通知・登研771号137頁〔解説付〕、月報66巻12号181頁）

租税特別措置法第83条の規定に基づく登録免許税の軽減に係る証明書の様式

（平23．10．24、民二第2524号民事局民事第二課長依命通知・登研771号142頁、月報66巻12号186頁）

預金保険法の規定により登録免許税の免税措置を受けるための預金保険機構の書類の様式

（平23．10．27、民二第2545号民事局民事第二課長依命通知・登研771号153頁、月報66巻12号199頁）

独立行政法人福祉医療機構が取り扱う包括委任状の一部変更

（平23．10．28、民二第2573号民事局民事第二課長依命通知・登研770号136

頁、月報66巻12号208頁）

　不動産登記事務取扱手続準則の一部改正

（平23．11．7、民二第2585号民事局長通達・登研770号140頁、月報66巻12号214頁）

　原子力損害賠償支援機構法第70条の規定により登録免許税の免税措置を受けるための内閣総理大臣及び経済産業大臣の書類の様式

（平23．11．21、民二第2789号民事局民事第二課長依命通知・登研773号171頁、月報67巻1号200頁）

　独立行政法人雇用・能力開発機構の解散に伴い国が承継した財産に係る不動産登記事務の取扱い

（平23．12．9、民二第2979号民事局民事第二課長依命通知・登研776号53頁、月報67巻4号144頁）

　厚生年金保険法第100条の10等の規定により日本年金機構に対して事務委託された際の登記の嘱託の様式

（平23．12．9、民二第2983号民事局民事第二課長依命通知・登研773号153頁、月報67巻1号205頁）

　経済社会の構造の変化に対応した税制の構築を図るための所得税法等の一部を改正する法律の施行

（平23．12．12、民二・民商第2993号民事局民事第二課長・民事局商事課長依命通知・登研773号174頁、月報67巻1号218頁）

　東日本大震災の被災者等に係る国税関係法律の臨時特例に関する法律の一部を改正する法律の施行に伴う不動産登記事務等の取扱い

（平23．12．14、民二第3014号民事局民事第二課長依命通知・登研776号58
頁、月報67巻1号219頁）

**東日本大震災復興特別区域法等の施行に伴う筆界特定手続に関する事務の
取扱い**

（平23．12．22、民二第3128号民事局民事第二課長依命通知・登研773号164
頁、月報67巻1号274頁）

**東日本大震災復興特別区域法に基づく計画に係る農地等の不動産登記の申
請書類**

（平24．1．6、民二第28号民事局民事第二課長依命通知・登研774号101頁、
月報67巻2号198頁）

**東日本大震災の被災者等に係る国税関係法律の臨時特例に関する法律第
40条の3の規定に基づく登録免許税の非課税に係る証明書の様式**

（平24．3．16、民二第700号民事局民事第二課長依命通知・登研777号89頁、
月報67巻5号221頁）

**株式会社東日本大震災事業者再生支援機構法第58条第1項の規定により
登録免許税の免税措置を受けるための主務大臣の書類の様式**

（平24．3．16、民二第702号民事局民事第二課長依命通知・登研777号92頁、
月報67巻5号226頁）

**登記オンライン申請受付代行システムにおける電子申請に関する不動産登
記事務の取扱い**

（平24．3．22、民二第740号民事局民事第二課長依命通知・月報67巻5号
232頁）

東日本大震災に関し被災者生活再建支援法が適用された地域に所在する不動産についての所有権の移転等の登記における登録免許税の課税標準の取扱いの継続等

（平24. 3. 26、民二第775号民事局民事第二課長依命通知・登研777号95頁、月報67巻5号234頁）

　株式会社国際協力銀行の設立に伴う不動産登記事務の取扱い

（平24. 3. 26、民二第781号民事局民事第二課長依命通知・登研777号61頁、月報67巻5号236頁）

　東日本大震災に関し被災者生活再建支援法が適用された地域に所在する土地を対象土地とする筆界特定の申請についての手数料の算定における当該対象土地の価額の取扱い

（平24. 3. 28、民二第820号民事局民事第二課長依命通知・登研778号93頁、月報67巻5号273頁）

　独立行政法人福祉医療機構が発行する不動産登記申請関係書類への押印の取扱い

（平24. 3. 30、民二第853号民事局民事第二課長依命通知・登研778号95頁、月報67巻5号275頁）

　国土交通省の事業における用地実測図の登記所備付地図としての備付け

（平24. 4. 4、民二第904号民事局民事第二課長通知・登研775号75頁、月報67巻5号278頁）

　根抵当権設定仮登記及び信託仮登記申請の受否

（平24. 4. 26、民二第1085号民事局民事第二課長通知・登研776号114頁〔解説付〕、月報67巻6号55頁）

根抵当権の被担保債権の範囲

（平24．4．27、民二第1106号民事局民事第二課長通知・登研776号123頁
〔解説付〕、月報67巻4号151頁）

司法書士補助者による登記識別情報の通知の受領

（平24．4．27、民二第1108号民事局民事第二課長通知・登研778号96頁、
月報67巻7号92頁）

土地家屋調査士補助者による登記識別情報の通知の受領

（平24．4．27、民二第1110号民事局民事第二課長通知・登研778号101頁、
月報67巻7号100頁）

**登録免許税法第4条第2項の規定により株式会社国際協力銀行及び株式会
社日本政策金融公庫の債権を担保するために受ける登記に係る登録免許税の
非課税措置を受けるための証明書の様式**

（平24．5．31、民二第1374号民事局民事第二課長依命通知・登研777号106
頁、月報67巻7号104頁）

**租税特別措置法第82条の規定に基づく新関西国際空港株式会社が移転補
償事業により買い取った土地の所有権の移転登記の免税に係る国土交通大臣
の証明書の様式**

（平24．6．15、民二第1498号民事局民事第二課長依命通知・登研778号108
頁、月報67巻7号111頁）

**相続による所有権の移転の登記がされている農地について真正な登記名義
の回復を登記原因として他の相続人に所有権を移転する登記の申請に関する
農地法所定の許可書の提供の要否等**

（平24．7．25、民二第1906号民事局民事第二課長通知・登研784号139頁
〔解説付〕、月報67巻11号105頁）

**東日本大震災の被災者等に係る国税関係法律の臨時特例に関する法律第
40条の5の規定に基づく登録免許税の免税措置に係る証明書の様式**
（平24．9．3、民二第2284号民事局民事第二課長依命通知・登研782号130
頁、月報67巻10号82頁）

**国土調査法第20条第1項の規定により送付された指定申請調査簿に基づ
く登記**
（平24．11．15、民二第3111号民事局民事第二課長通知・登研782号125頁、
月報67巻12号146頁）

**農地法施行規則の一部を改正する省令の施行に伴う不動産登記事務の取扱
い**
（平24．12．14、民二第3486号民事局長通達・登研782号126頁〔解説付〕、
月報68巻2号136頁）

**独立行政法人日本高速道路保有・債務返済機構に係る包括委任状の一部変
更**
（平25．1．8、民二第2号民事局民事第二課長依命通知・登研782号128頁、
月報68巻2号138頁）

都市部官民境界基本調査による基準点の測量成果の活用
（平25．1．31、民二第59号民事局民事第二課長通知・登研781号127頁、月
報68巻3号619頁）

都市再生街区基本調査による街区基準点の測量成果の公開

（平25．１．31、民二第61号民事局民事第二課長通知・登研781号134頁、月報68巻3号626頁）

東北地方太平洋沖地震の被災沿岸地域における浸水部分に係る分筆の登記の嘱託の取扱い

（平25．２．19、民二第97号民事局民事第二課長通知・登研784号143頁、月報68巻5号173頁）

東日本大震災に関し被災者生活再建支援法が適用された地域に所在する不動産についての所有権の移転等の登記における登録免許税の課税標準の取扱い

（平25．３．28、民二第252号民事局民事第二課長依命通知・登研786号120頁、月報68巻5号177頁）

学校法人、公益社団法人及び公益財団法人並びに宗教法人が保育所の用に供する不動産の登記に関する証明

（平25．４．8、民二第265号民事局民事第二課長依命通知・登研786号115頁、月報68巻5号179頁）

株式会社東日本大震災事業者再生支援機構法第58条第1項の規定により登録免許税の免税措置を受けるための内閣総理大臣の書類の様式

（平25．４．12、民二第268号民事局民事第二課長依命通知・登研786号122頁、月報68巻5号185頁）

東日本大震災の被災者等に係る国税関係法律の臨時特例に関する法律の規定による株式会社商工組合中央金庫が受ける抵当権の設定の登記等の登録免許税の税率の特例に係る取扱い

（平25．４．23、民二第276号民事局民事第二課長依命通知・登研789号105

頁、月報68巻 5 号190頁）

　租税特別措置法第83条の規定に基づく登録免許税の軽減に係る証明書の
様式
　（平25. 6. 5、民二第309号民事局民事第二課長依命通知・登研790号79頁、
月報68巻 6 号94頁）

　株式会社地域経済活性化支援機構法第60条の規定により登録免許税の免
税措置を受けるための主務大臣の書類の様式
　（平25. 6. 28、民二第326号民事局民事第二課長依命通知・登研790号92頁、
月報68巻 7 号212頁）

　登記申請業務の下部委譲に伴う委任事項の変更
　（平25. 8. 16、民二第363号民事局民事第二課長通知・登研795号109頁、
月報68巻 9 号89頁）

　大規模災害からの復興に関する法律等の施行に伴う筆界特定の手続に関す
る事務の取扱い
　（平25. 8. 20、民二第364号民事局長通達・登研793号125頁、月報68巻 9
号94頁）

　大規模な災害の被災地における借地借家に関する特別措置法の施行に伴う
不動産登記事務の取扱い
　（平25. 9. 13、民二第384号民事局長通達・登研795号113頁、月報68巻10
号41頁）

　民法の一部を改正する法律の施行に伴う不動産登記等の事務の取扱い
　（平25. 12. 11、民二第781号民事局長通達・登研791号229頁、月報69巻 1

号115頁）

配偶者からの暴力の防止及び被害者の保護に関する法律第１条２項に規定する被害者が登記義務者となる所有権の移転の登記の前提としての住所の変更の登記の要否

（平25．12．12、民二第809号民事局民事第二課長通知・月報69巻２号120頁）

登録免許税法第４条第２項の規定による登録免許税の非課税の適用を受けるために国土交通大臣が発行する証明書の様式

（平25．12．24、民二第846号民事局民事第二課長依命通知・登研795号118頁、月報69巻２号124頁）

租税特別措置法第80条の規定に基づく登録免許税の軽減に係る証明書の様式

（平26．１．16、民二第48号民事局民事第二課長・民事局商事課長依命通知・登研794号117頁、月報69巻３号75頁）

租税特別措置法第80条第３項の規定に基づく登録免許税の軽減に係る証明書の様式及び預金保険法の規定により登録免許税の免税措置を受けるための預金保険機構の書類の様式

（平26．３．６、民二第186号民事局民事第二課長・民事局商事課長依命通知・登研802号151頁、月報69巻４号146頁）

金融商品取引法等の一部を改正する法律の施行に伴う不動産登記事務の取扱い

（平26．３．11、民二第193号民事局長通達・登研798号111頁、月報69巻４号173頁）

民間事業者等が実施する事業により作成された実測図等の登記所備付地図
としての備付け
　（平26．3．12、民二第195号民事局民事第二課長通知・登研798号116頁、
月報69巻4号178頁）

　租税特別措置法第80条の2の規定に基づく登録免許税の税率の軽減措置
に係る証明書の様式
　（平26．4．1、民二第237号民事局民事第二課長・民事局商事課長依命通
知・登研803号126頁、月報69巻5号239頁）

　租税特別措置法第83条の3の規定に基づく特例事業者が不動産特定共同
事業契約により不動産を取得した場合の所有権の移転登記等の税率の軽減に
係る国土交通大臣の証明書の様式
　（平26．4．3、民二第244号民事局民事第二課長依命通知・登研805号169
頁、月報69巻5号254頁）

　震災復興事業に基づく用地取得に関する登記嘱託に添付する相続の放棄が
あったことを証する情報
　（平26．4．24、民二第265号民事局民事第二課長依命通知・登研798号156
頁、月報69巻6号113頁）

　登録免許税の還付金を代理受領するための委任状の様式
　（平26．5．9、民二第272号民事局民事第二課長・民事局商事課長依命通
知・登研805号178頁、月報69巻6号118頁）

　農林漁業の健全な発展と調和のとれた再生可能エネルギー電気の発電の促
進に関する法律に基づく計画に係る農地等の不動産登記の申請書類

（平26．5．30、民二第304号民事局民事第二課長依命通知・登研803号111
頁、月報69巻7号97頁）

租税条約等に基づく外国租税に係る滞納処分による差押え等の登記の嘱託

（平26．6．11、民二第310号民事局民事第二課長依命通知・登研803号115
頁、月報69巻8号294頁）

**租税特別措置法第81条の2の規定に基づく登録免許税の軽減に係る証明
書の様式**

（平26．7．4、民二第326号民事局民事第二課長依命通知・登研805号180
頁、月報69巻8号307頁）

**租税特別措置法第77条の2の規定に基づく登録免許税の税率の軽減措置
に係る証明書の様式**

（平26．7．14、民二第334号民事局民事第二課長依命通知・登研809号135
頁、月報69巻8号314頁）

**原子力損害賠償・廃炉等支援機構法（平成23年法律第94号）第70条の規
定により登録免許税の免税措置を受けるための内閣総理大臣及び経済産業大
臣の書類の様式**

（平26．8．15、民二第355号民事局民事第二課長依命通知・登研805号185
頁、月報69巻10号51頁）

**鉱害賠償登録令の一部を改正する政令の施行に伴う鉱害賠償登録事務の取
扱い**

（平26．9．18、民二第387号民事局長通達・登研805号188頁、月報69巻11
号73頁）

株式会社地域経済活性化支援機構法第60条の規定により登録免許税の免税措置を受けるための主務大臣の書類の様式

　（平26. 10. 14、民二第518号民事局民事第二課長依命通知・登研805号188頁、月報69巻11号73頁）

　租税特別措置法第84条の規定に基づく登録免許税の非課税に係る証明書の様式

　（平26. 11. 27、民二第739号民事局民事第二課長依命通知・登研809号138頁、月報70巻1号185頁）

　地域再生法に基づく計画に係る農地等の不動産登記の申請書類

　（平26. 12. 18、民二第844号民事局民事第二課長依命通知・登研809号141頁、月報70巻2号162頁）

　マンションの建替えの円滑化等に関する法律による不動産登記に関する政令の一部を改正する政令の施行に伴う不動産登記事務の取扱い

　（平26. 12. 22、民二第849号民事局長通達・登研810号163頁、月報70巻2号167頁）

　不動産登記事務取扱手続準則の一部改正

　（平26. 12. 25、民二第852号民事局長通達・月報70巻2号197頁）

　不動産登記事務取扱手続準則の一部改正に伴う登記事務の取扱い等

　（平26. 12. 25、民二第853号民事局民事第二課長依命通知・登研810号193頁、月報70巻2号204頁）

　租税特別措置法第76条第1項及び第2項の規定に基づく登録免許税の免税措置に係る証明書の様式

（平27．1．7、民二第12号民事局民事第二課長依命通知・登研810号196頁
〔解説付〕、月報70巻2号207頁）

地上権及び賃借権の存続期間の法定更新に係る変更登記の申請

（平27．1．19、民二第57号民事局民事第二課長通知・登研850号109頁）

マンションの建替え等の円滑化に関する法律による不動産登記に関する政令の規定によりマンション敷地売却組合が行う登記申請書の様式

（平27．2．13、民二第101号民事局民事第二課長依命通知・月報70巻3号342頁）

地方自治法の一部を改正する法律の施行に伴う不動産登記事務の取扱い

（平27．2．26、民二第124号民事局長通達・登研808号73頁、月報70巻4号281頁）

厚生年金保険法第100条の4等の規定により日本年金機構に事務が委任等された換価の猶予及び納付の猶予に係る登記の嘱託の様式

（平27．3．23、民二第162号民事局民事第二課長依命通知・登研808号77頁、月報70巻5号94頁）

配偶者からの暴力の防止及び被害者の保護等に関する法律第1条第2項に規定する被害者が登記権利者となる所有権の移転の登記における登記権利者の住所の取扱い

（平27．3．31、民二第196号民事局民事第二課長依命通知・登研808号105頁、月報70巻5号121頁）

配偶者からの暴力の防止及び被害者の保護等に関する法律第1条第2項に規定する被害者が登記義務者又は登記権利者とならないが、添付情報に当該

被害者の現住所が記載されている場合における閲覧の方法

（平27．3．31、民二第198号民事局民事第二課長依命通知・登研808号107頁〔解説付〕、月報70巻5号125頁）

登記申請業務の下部委譲に係る登記申請先の追加

（平27．6．8、民二第303号民事局民事第二課長通知・月報70巻7号90頁）

相続人の資格を併有する者が相続の放棄をした場合の相続による所有権の移転の登記

（平27．9．2、民二第363号民事局民事第二課長通知・登研820号95頁〔解説付〕、月報71巻3号72頁）

登記申請業務の下部委譲に伴う委任事項

（平27．10．14、民二第506号民事局民事第二課長通知・月報70巻11号89頁）

国立研究開発法人森林総合研究所への名称変更等に伴う不動産登記事務の取扱い

（平27．10．22、民二第511号民事局民事第二課長通知・登研821号125頁、月報70巻12号107頁）

不動産登記令等の一部を改正する政令等の施行に伴う不動産登記事務等の取扱い

（平27．10．23、民二第512号民事局長通達・登研820号103頁〔解説付〕、月報70巻12号139頁）

不動産登記事務取扱手続準則の一部改正

（平27．10．30、民二第594号民事局長通達・登研820号112頁〔解説付〕、月報70巻12号148頁）

登記申請業務の下部委譲に伴う委任事項
（平27．12．1、民二第775号民事局民事第二課長通知・月報71巻1号269頁）

地域再生法に基づく計画に係る農地等の不動産登記の申請書類
（平27．12．1、民二第777号民事局民事第二課長依命通知・登研821号156頁、月報71巻1号273頁）

不正競争防止法の一部を改正する法律等の施行に伴う不動産登記事務の取扱い
（平27．12．16、民二第871号民事局民事第二課長通知・登研821号159頁、月報71巻2号202頁）

不動産登記事務取扱手続準則の一部改正
（平27．12．17、民二第873号民事局長通達・登研821号161頁、月報71巻2号204頁）

行政手続における特定の個人を識別するための番号の利用等に関する法律等の施行に伴う不動産登記事務の取扱い
（平27．12．17、民二第874号民事局長通達・登研821号165頁、月報71巻2号208頁）

没収保全の登記等の嘱託及び供託物払渡請求等
（平27．12．25、民二第888号民事局民事第二課長・民事局商事課長依命通知・登研821号171頁、月報71巻2号214頁）

不動産登記規則第93条ただし書に規定する不動産の調査に関する報告に

係る報告書の様式の改定

（平28．1．8、民二第5号民事局民事第二課長依命通知・登研821号182頁〔解説付〕、月報71巻2号225頁）

消費者の財産的被害の集団的な回復のための民事の裁判手続の特例に関する法律に基づく強制執行等における不動産登記嘱託

（平28．2．23、民二第113号民事局民事第二課長依命通知・登研829号193頁〔解説付〕、月報71巻10号61頁）

遺産分割の協議後に他の相続人が死亡して当該協議の証明者が一人となった場合の相続による所有権の移転の登記の可否

（平28．3．2、民二第154号民事局民事第二課長通知・登研820号115頁〔解説付〕、月報71巻4号118頁）

地方税法に基づく市町村長に対する通知

（平28．3．3、民二第156号民事局民事第二課長依命通達・月報71巻4号129頁）

除籍等が滅失等している場合の相続登記

（平28．3．11、民二第219号民事局長通達・登研819号137頁〔解説付〕、月報71巻4号130頁）

不動産登記事務取扱手続準則の一部改正

（平28．3．24、民二第262号民事局長通達・登研829号200頁、月報71巻5号287頁）

「不動産登記法等の一部を改正する法律の施行に伴う筆界特定手続に関する事務の取扱いについて」の一部改正

（平28．3．24、民二第263号民事局長通達・登研829号205頁、月報71巻5号292頁）

不動産登記事務取扱手続準則の一部改正

（平28．3．24、民二第268号民事局長通達・登研829号208頁〔解説付〕、月報71巻5号295頁）

行政不服審査法等の施行に伴う不動産登記事務の取扱い

（平28．3．24、民二第269号民事局長通達・登研829号240頁〔解説付〕、月報71巻5号328頁）

電気事業法等の一部を改正する等の法律附則第10条第2項の規定による所有権の保存の登記の申請に係る申請情報及び添付情報の様式

（平28．3．31、民二第302号民事局民事第二課長依命通知・登研829号245頁、月報71巻5号333頁）

電気事業法等の一部を改正する等の法律附則第11条の規定に基づく登録免許税の免税に係る証明書の様式

（平28．3．31、民二第304号民事局民事第二課長・民事局商事課長依命通知・登研829号251頁〔解説付〕、月報71巻5号342頁）

国立研究開発法人森林研究・整備機構への名称変更等に伴う不動産登記事務の取扱い

（平29．2．7、民二第77号民事局民事第二課長通知・登研836号101頁、月報72巻4号97頁）

建物の区分所有等に関する法律の適用がある建物の敷地の分筆の登記の取扱い

（平29. 3. 23、民二第171号民事局民事第二課長通知・登研847号101頁
〔解説付〕、月報72巻5号124頁）

　被相続人の同一性を証する情報として住民票の写し等が提供された場合に
おける相続による所有権の移転の登記の可否
　（平29. 3. 23、民二第175号民事局民事第二課長通知・登研831号133頁
〔解説付〕、月報72巻4号133頁）

　東日本大震災に関し被災者生活再建支援法が適用された地域に所在する土
地を対象土地とする筆界特定の申請についての手数料の算定における当該対
象土地の価額の取扱い
　（平29. 3. 29、民二第233号民事局民事第二課長依命通知・月報72巻5号
132頁）

　数次相続が生じている場合において最終的な遺産分割協議の結果のみが記
載された遺産分割協議書を添付してされた相続による所有権の移転の登記の
可否
　（平29. 3. 30、民二第237号民事局民事第二課長通知・登研839号129頁
〔解説付〕、月報72巻10号251頁）

　租税特別措置法第84条の4及び第84条の5の規定の施行に伴う不動産登
記事務の取扱い
　（平29. 3. 30、民二第238号民事局民事第二課長依命通知・登研836号137
頁、月報72巻5号133頁）

　筆界特定の手続に関する保管金の取扱いに関する規程の一部を改正する訓
令
　（平29. 3. 31、会訓第3号法務大臣訓令・月報72巻5号154頁）

「筆界特定の手続に関する保管金の取扱いについて」の一部改正

（平29．3．31、民二第248号民事局長・大臣官房会計課長通達・月報72巻5号157頁）

不動産登記規則の一部を改正する省令の施行に伴う不動産登記事務等の取扱い

（平29．4．17、民二第292号民事局長通達・登研831号146頁〔解説付〕、月報72巻5号177頁）

租税特別措置法第80条第3項の規定に基づく登録免許税の軽減に係る証明書の様式

（平29．8．15、民二第398号民事局民事第二課長・民事局商事課長依命通知・登研837号145頁、月報72巻9号89頁）

租税特別措置法第83条の3の規定に基づく登録免許税の軽減に係る証明書の様式

（平29．12．4、民二第975号民事局民事第二課長依命通知・登研840号121頁、月報73巻1号115頁）

外国人技能実習機構が登録免許税法第4条第2項の規定に基づき所有権保存登記等に係る登録免許税法の非課税措置を受けるための証明書の様式

（平30．3．13、民二第130号民事局民事第二課長依命通知・登研844号109頁、月報73巻4号89頁）

異順位の共同相続人の間で相続分の譲渡がされた後に遺産分割協議が行われた場合における所有権の移転の登記の可否

（平30．3．16、民二第137号民事局民事第二課長通知・登研848号159頁

〔解説付〕、月報73巻 8 号121頁）

法定相続情報証明制度に関する事務の取扱いの一部改正

（平30. 3. 29、民二第166号民事局長通達・登研845号121頁〔解説付〕、月報73巻 5 号90頁）

租税特別措置法第84条の 2 の 3 第 1 項の規定の施行等に伴う不動産登記事務の取扱い

（平30. 3. 31、民二第168号民事局民事第二課長通知・登研845号125頁、月報73巻 5 号94頁）

組織体制の変更に伴う登記申請業務の下部委譲

（平30. 5. 31、民二第226号民事局民事第二課長通知・登研854号103頁、月報73巻 7 号185頁）

所有権の登記がない土地の登記記録の表題部の所有者欄に氏名のみが記録されている場合の所有権の保存の登記の可否

（平30. 7. 24、民二第279号民事局民事第二課長通知・登研850号111頁〔解説付〕、月報73巻 9 号69頁）

租税特別措置法第83条の 2 の規定に基づく登録免許税の軽減に係る証明書の様式

（平30. 7. 31、民二第295号民事局民事第二課長依命通知・登研850号121頁、月報73巻 9 号82頁）

信託を登記原因とする停止条件付所有権の移転の仮登記のみの申請の可否

（平30. 8. 3、民二第298号民事局民事第二課長通知・登研858号101頁〔解説付〕、月報74巻 1 号179頁）

都市農地の賃借の円滑化に関する法律に基づく農地についての不動産登記の申請における添付情報

（平30．8．30、民二第338号民事局民事第二課長依命通知・登研852号123頁、月報73巻11号337頁）

登記記録上存続期間が満了している地上権を敷地権とする区分建物の所有権の移転の登記の受否

（平30．10．16、民二第490号民事局民事第二課長通知・登研852号129頁、月報73巻11号344頁）

所有者不明土地の利用の円滑化等に関する特別措置法の一部施行に伴う地籍調査票等の取扱い

（平30．11．15、民二第605号民事局民事第二課長通知・登研852号131頁、月報73巻12号258頁）

固定資産課税台帳に記載されている情報の取扱い

（平30．11．15、民二第609号民事局民事第二課長通知・登研852号134頁、月報73巻12号265頁）

租税特別措置法第84条の2の3第2項の規定の施行に伴う不動産登記事務の取扱い

（平30．1．15、民二第611号民事局民事第二課長通知・登研852号136頁、月報73巻12号269頁）

所有者不明土地の利用の円滑化等に関する特別措置法等の施行に伴う不動産登記事務の取扱い

（平30．11．15、民二第612号民事局長通達・登研852号45頁）

租税特別措置法第80条第３項の規定に基づく登録免許税の軽減に係る証
明書の様式

　（平30．11．16、民二第170号民事局民事第二課長依命通知・登研858号103
頁、月報74巻１号183頁）

　農業経営基盤強化促進法等の一部を改正する法律の施行に伴う不動産登記
事務の取扱い

　（平30．11．16、民二第613号民事局長通達・登研854号107頁、月報74巻４
号233頁）

　農業経営基盤強化促進法等の一部を改正する法律の施行に伴う不動産登記
事務の取扱い

　（平30．11．16、民二第614号民事局民事第二課長依命通知・登研854号109
頁、月報74巻４号235頁）

　認可地縁団体が所有する不動産に係る不動産登記法の特例の適用

　（平30．11．27、民二第649号民事局民事第二課長依命通知・登研858号106
頁、月報74巻１号189頁）

　複数の委託者のうちの一部の者を受託者とする信託の登記

　（平30．12．18、民二第760号民事局民事第二課長通知・登研859号87頁、月
報74巻５号193頁）

　参加差押えをした税務署長がする換価執行決定による権利移転等の登記の
嘱託

　（平30．12．25、民二第817号民事局民事第二課長依命通知・登研855号109
頁、月報74巻２号95頁）

厚生年金保険法第100条の４等の規定により日本年金機構に委任された厚生年金保険料の滞納処分等の業務等を実施するために必要な登記事項証明書の交付請求に係る取扱い

（平31．３．28、民二・民商第249号民事局民事第二課長・民事局商事課長依命通知・登研859号91頁、月報74巻５号198頁）

登記簿上の地目が農地である土地について農地以外の地目への地目の変更の登記申請があった場合の取扱い

（平31．３．29、民二第267号民事局民事第二課長依命通知・登研861号95頁、月報74巻９号149頁）

改元に伴う登記事務等の取扱い

（平31．４．１、民二第272号民事局民事第一課長・民事第二課長・商事課長依命通知・登研864号130頁、月報74巻４号252頁）

改元に伴う登記事務等の取扱い

（平31．４．１、民総第281号民事局長通達・登研864号131頁、月報74巻４号251頁）

租税特別措置法第84条の２の２の規定に基づく登録免許税の非課税に係る証明書の様式

（平31．４．15、民二第284号民事局民事第二課長依命通知・登研859号104頁、月報74巻６号75頁）

登記所と市町村長との間における地方税法に基づく通知のオンライン化等

（平31．４．26、民二第301号民事局民事第二課長通知・登研866号215頁）

見出し一覧
（商業・法人登記関係）

商業登記規則第58条第１項に基づく供託の原因が消滅したことを証する
書面の交付の可否
（平５．２．３、民四第1166号民事局第四課長通知・先例集追Ⅷ111頁、登
研544号98頁〔解説付〕、月報48巻３号148頁）

金融制度及び証券取引制度の改革のための関係法律の整備等に関する法律
の施行に伴う登記事務の取扱い
（平５．３．31、民四第2959号民事局第四課長通知・先例集追Ⅷ113頁、登
研547号132頁〔解説付〕、月報48巻４号156頁）

利用運送事業又は一般貨物自動車運送事業を目的とする法人の合併の登記
（平５．５．12、民四第3717号民事局第四課長通知・先例集追Ⅷ117頁、登
研550号171頁、月報48巻５号110頁）

債権者不確知供託に関する最高裁判決
（平５．５．18、民四第3841号民事局第四課長通知・登研550号172頁〔解説
付〕、月報48巻５号112頁）

利用運送事業又は一般貨物自動車運送事業を目的とする法人の合併の登記
（平５．８．20、民四第5554号民事局第四課長依命通知・先例集追Ⅷ119頁、
登研552号120頁〔解説付〕、月報48巻９号287頁）

商法等の一部を改正する法律等の施行に伴う登記事務の取扱い
（平５．10．１、民四第6519号民事局第四課長通知・先例集追Ⅷ121頁、登
研552号133頁〔解説557号35頁〕、月報48巻10号201頁）

外国会社の清算人の登記の取扱い
（平５．10．６、民四第6523号民事局第四課長通知・先例集追Ⅷ125頁、登

研554号117頁〔解説付〕、月報48巻11号205頁）

水産業協同組合法の一部を改正する法律の施行に伴う登記事務の取扱い

（平5．10．15、民四第6597号民事局長通達・先例集追Ⅷ126頁、登研554号119頁〔解説付〕、月報48巻11号207頁）

理事の退任及び就任による変更登記の添付書面

（平5．10．15、民四第6599号民事局第四課長通知・先例集追Ⅷ134頁、登研554号131頁、月報48巻11号216頁）

外国会社の商号中会社の種類の表示

（平5．11．5、民四第6928号民事局第四課長通知・先例集追Ⅷ137頁、登研556号136頁〔解説付〕、月報48巻12号114頁）

電子情報処理組織による商業登記事務の取扱い

（平5．12．27、民四第7783号民事局長通達・先例集追Ⅷ137頁、登研557号116頁〔解説付〕、月報49巻2号111頁）

代表者事項証明書の記載事項

（平5．12．27、民四第7784号民事局第四課長依命通知・先例集追Ⅷ165頁、登研557号149頁、月報49巻2号141頁）

類似商号検索用ファイルの作成

（平5．12．27、民四第7785号民事局第四課長依命通知・先例集追Ⅷ170頁、登研557号152頁、月報49巻2号144頁）

一般旅客定期航路事業、港湾運送事業又は内航海運業を目的とする法人の合併又は解散の登記

（平6．1．10、民四第311号民事局第四課長通知・先例集追Ⅷ179頁、登研557号158頁〔解説付〕、月報49巻3号100頁）

商業登記等事務取扱手続準則の一部改正

（平6．2．7、民四第726号民事局長通達・先例集追Ⅷ183頁、登研557号166頁〔解説557号35頁〕、月報49巻3号99頁）

商業登記規則の一部改正に伴う登記事務の取扱い

（平6．2．7、民四第727号民事局長通達・先例集追Ⅷ184頁、登研557号167頁、月報49巻3号99頁）

商業登記規則及び商業登記等事務取扱手続準則の一部改正に伴う登記事務の取扱い

（平6．2．7、民四第728号民事局第四課長依命通知・先例集追Ⅷ184頁、登研557号168頁、月報49巻3号100頁）

商業登記規則の改正に伴う登記事務の取扱い

（平6．3．18、民四第1859号民事局第四課長通知・先例集追Ⅷ185頁、登研558号153頁、月報49巻4号214頁）

協同組織金融機関の優先出資に関する法律の施行に伴う法人登記の取扱い

（平6．4．15、民四第2915号民事局長通達・先例集追Ⅷ186頁、登研559号131頁、月報49巻5号82頁）

協同組織金融機関の優先出資に関する法律の施行に伴う法人登記の取扱い

（平6．4．15、民四第2916号民事局第四課長依命通知・先例集追Ⅷ207頁、登研559号148頁、月報49巻5号94頁）

転換社債の登記の申請書に添付する転換社債の引受けを証する書面及び商法第303条の払込みがあったことを証する書面

（平6．5．10、民四第3012号民事局第四課長通知・先例集追Ⅷ209頁、登研560号124頁〔解説付〕、月報49巻6号142頁）

　有料職業紹介事業保証金規則第5条第1項の証明書等を差押債権者たる国に交付すること等の可否

（平6．6．7、民四第3602号民事局第四課長通知・登研560号132頁、月報49巻6号150頁）

　有限会社の資本の増加の登記

（平6．6．24、民四第3938号民事局第四課長通知・先例集追Ⅷ216頁、登研561号140頁〔解説付〕、月報49巻7号213頁）

　農住組合法の一部を改正する法律の施行に伴う法人登記事務の取扱い

（平6．6．29、民四第3953号民事局長通達・先例集追Ⅷ220頁、登研561号147頁、月報49巻7号218頁）

　新株発行による変更登記の申請の受否

（平6．7．6、民四第4192号民事局第四課長通知・先例集追Ⅷ223頁、登研562号125頁〔解説付〕、月報49巻8号185頁）

　供託事務取扱手続準則の一部改正

（平6．9．19、民四第5808号民事局長・大臣官房会計課長通達・登研564号132頁、月報49巻10号241頁）

　供託金払渡請求に対する認可の可否

（平6．9．19、民四第5866号民事局第四課長通知・登研564号133頁〔解説

関税定率法の一部を改正する法律の施行に伴う供託事務の取扱い

（平7．2．16、民四第1551号民事局長通達・登研570号163頁〔解説570号65頁〕、月報50巻3号194頁）

公職選挙法の一部を改正する法律の施行に伴う供託事務の取扱い

（平7．3．2、民四第2232号民事局長通達・登研751号129頁、月報50巻4号214頁）

阪神・淡路大震災に伴う法人の破産宣告及び会社の最低資本金の制限の特例に関する法律の施行に伴う商業登記事務の取扱い

（平7．3．24、民四第2616号民事局長通達・先例集追Ⅷ245頁、月報50巻3号192頁）

監査法人の社員変更登記の記載方法

（平7．3．28、民四第2628号民事局第四課長通知・先例集追Ⅷ248頁、登研571号117頁〔解説付〕、月報50巻4号204頁）

学校法人の理事の変更の登記の受否

（平7．3．30、民四第2650号民事局第四課長通知・先例集追Ⅷ248頁、登研571号119頁〔解説付〕、月報50巻4号206頁）

監査法人の社員変更登記の申請書添付書面

（平7．3．31、民四第2655号民事局第四課長通知・先例集追Ⅷ251頁、登研571号123頁〔解説付〕、月報50巻4号210頁）

家畜商営業保証金の供託及び払渡請求手続

（平7．6．7、民四第3134号民事局長通達・登研573号109頁、月報50巻7号204頁）

印鑑等移行事前作業実施要領の制定

（平7．6．7、民四第3135号民事局長通達・先例集追Ⅷ255頁、登研573号93頁、月報50巻7号189頁）

最低資本金未達成会社の整理

（平7．7．31、民四第3407号民事局長通達・先例集追Ⅷ273頁、登研574号95頁〔解説595号97頁〕、月報50巻8号77頁）

最低資本金未達成会社の整理

（平7．7．31、民四第3408号民事局第四課長依命通知・先例集追Ⅷ287頁、月報50巻8号90頁）

阪神・淡路大震災に伴う法人の破産宣告及び会社の最低資本金の制限の特例に関する法律の適用区域の登記所における最低資本金未達成会社の整理作業

（平7．12．13、民四第4386号民事局第四課長依命通知・先例集追Ⅷ290頁、登研581号127頁、月報51巻2号239頁）

最低資本金未達成会社の整理

（平7．12．19、民四第4435号民事局第四課長依命通知・先例集追Ⅷ295頁、登研579号165頁、月報51巻1号223頁）

電子情報処理組織により登記事務を取り扱う登記所における最低資本金未達成会社の整理

（平8．1．17、民四第37号民事局長通達・先例集追Ⅷ299頁、登研581号131頁、月報51巻2号244頁）

合併により資本の額等に変更があった場合の支店所在地の登記所における変更年月日の記載

（平8．3．4、民四第395号民事局第四課長通知・先例集追Ⅷ314頁、登研585号176頁〔解説586号183頁〕、月報51巻5号255頁）

電子計算機による供託金の歳入納付等事務の取扱い

（平8．3．15、民四第537号民事局第四課長依命通知・登研590号162頁〔解説付〕、月報51巻5号259頁）

更生保護事業法の施行に伴う登記事務の取扱い

（平8．3．26、民四第609号民事局長通達・先例集追Ⅷ315頁、登研584号132頁〔解説付〕、月報51巻4号227頁）

公益法人の更生保護法人への組織変更に伴う登記の申請書の様式

（平8．3．26、民四第617号民事局第四課長通知・先例集追Ⅷ321頁、登研584号142頁、月報51巻4号237頁）

保険業法の改正に伴う登記事務の取扱い

（平8．3．27、民四第651号民事局長通達・先例集追Ⅷ327頁、登研584号142頁〔解説588号103頁〕、月報51巻4号244頁）

保険業法の全部を改正する法律の施行に伴う供託事務の取扱い

（平8．3．29、民四第630号民事局長通達・登研587号159頁〔解説588号75頁〕、月報51巻4号260頁）

旅行業法の一部を改正する法律の施行に伴う供託事務の取扱い

（平8．3．29、民四第670号民事局長通達・登研588号165頁〔解説588号127頁、589号59頁〕、月報51巻4号296頁）

優先株式等に関する登記申請の受否

（平 8 . 5 . 10、民四第904号民事局第四課長通知・先例集追Ⅷ346頁、登研
586号176頁〔解説付〕、月報51巻 6 号87頁）

最低資本金未達成更生会社の登記事務の取扱い

（平 8 . 5 . 23、民四第972号民事局第四課長依命通知・先例集追Ⅷ347頁、
登研586号179頁、月報51巻 7 号294頁）

相互会社の基金拠出払込金保管証明書及び基金拠出申込取扱証明書の様式

（平 8 . 6 . 25、民四第1162号民事局第四課長通知・先例集追Ⅸ 1 頁、登研
586号180頁、月報51巻 7 号295頁）

転換社債の転換条件変更の登記申請

（平 8 . 7 . 25、民四第1350号民事局第四課長通知・先例集追Ⅸ 5 頁、登研
590号156頁〔解説付〕、月報51巻 9 号189頁）

民事執行法の一部を改正する法律に施行に伴う供託事務の取扱い

（平 8 . 8 . 26、民四第1483号民事局長通達・登研592号181頁、月報51巻12
号160頁）

最低資本金に関する登記の取扱い

（平 8 . 9 . 6 、民四第1565号民事局第四課長通知・先例集追Ⅸ 9 頁、登研
592号174頁〔解説付〕、月報51巻11号103頁）

供託事務専用の電子計算機等が導入されている供託所における供託事務の取扱い

（平 8 . 11. 29、民四第2061号民事局長通達・月報52巻 1 号218頁）

旅行業者営業保証金規則第11条第2項の取扱い

（平8．12．6、民四第2140号民事局第四課長通知・月報52巻1号227頁）

阪神・淡路大震災に伴う法人の破産宣告及び会社の最低資本金の制限の特例に関する法律第2条の規定の適用を受ける最低資本金未達成会社の整理作業

（平9．1．22、民四第47号民事局第四課長依命通知・先例集追Ⅸ13頁、登研593号199頁、月報52巻2号182頁）

破産終結の登記により登記用紙が閉鎖された会社の清算人から清算結了していない旨の申出があった場合の登記の取扱い

（平9．3．17、民四第496号民事局第四課長通知・先例集追Ⅸ16頁、登研596号115頁〔解説付〕、月報52巻4号169頁）

森林組合等の理事の退任及び就任による変更登記の申請書の添付書面

（平9．4．1、民四第570号民事局第四課長通知・先例集追Ⅸ16頁、登研597号113頁、月報52巻5号214頁）

森林組合法及び森林組合合併助成法の一部を改正する法律の施行に伴う登記事務の取扱い

（平9．4．1、民四第588号民事局長通達・先例集追Ⅸ19頁、登研597号114頁、月報52巻5号217頁）

株式の消却の手続に関する商法の特例に関する法律の施行に伴う登記事務の取扱い（平13．9．12、民商第2187号通知により廃止）

（平9．5．21、民四第918号民事局第四課長通知・先例集追Ⅸ30頁、登研596号117頁〔解説付〕、月報52巻6号211頁）

　　私的独占の禁止及び公正取引の確保に関する法律の適用除外制度の整理等
に関する法律等の施行に伴う登記事務の取扱い

　（平９．７．15、民四第1247号民事局第四課長通知・先例集追Ⅸ33頁、月報
52巻８号106頁）

　　未指定登記所の管轄地の全部が指定登記所の管轄に転属した場合における
登記の取扱い等

　（平９．７．31、民四第1307号民事局長通達・先例集追Ⅸ37頁、登研604号
135頁〔解説付〕、月報52巻９号108頁）

　　商業登記等事務取扱手続準則の一部改正

　（平９．９．５、民四第1572号民事局長通達・先例集追Ⅸ38頁、登研598号
153頁、月報52巻９号114頁）

　　商法の一部を改正する法律の施行に伴う登記事務の取扱い

　（平９．９．５、民四第1573号民事局長通達・先例集追Ⅸ41頁、登研598号
155頁〔解説602号169頁〕、月報52巻９号117頁）

　　商法等の一部を改正する法律等の施行に伴う登記事務の取扱い

　（平９．９．５、民四第1574号民事局第四課長通知・先例集追Ⅸ62頁、登研
598号168頁、月報52巻９号148頁）

　　商法等の一部を改正する法律等の施行に伴う登記事務の取扱い

　（平９．９．19、民四第1709号民事局長通達・先例集追Ⅸ62頁、登研598号
168頁〔解説601号165頁〕、月報52巻９号149頁）

　　供託事務取扱手続準則の一部改正

（平9．10．1、民四第1750号民事局長・大臣官房会計課長通達・登研604号140頁、月報52巻12号157頁）

供託規則の一部を改正する省令等の施行に伴う供託事務の取扱い
（平9．10．1、民四第1751号民事局第四課長依命通知・登研604号146頁、月報52巻12号159頁）

密集市街地における防災街区の整備の促進に関する法律等の施行に伴う法人登記事務の取扱い
（平9．11．10、民四第2006号民事局長通達・先例集追Ⅸ89頁、登研607号177頁〔解説付〕、月報52巻12号80頁）

商法等の一部を改正する法律等の施行に伴う登記事務の取扱い
（平9．11．17、民四第2051号民事局第四課長依命通知・先例集追Ⅸ93頁、登研604号140頁、月報52巻12号143頁）

代表取締役の変更の登記の申請書に添付すべき印鑑証明書の添付の省略が認められる場合
（平10．2．10、民四第270号民事局第四課長回答・先例集追Ⅸ105頁、登研609号166頁〔解説付〕、月報53巻4号209頁）

銀行持株会社の創設のための銀行等に係る合併手続の特例等に関する法律の施行に伴う登記事務の取扱い
（平10．3．10、民四第468号民事局長通達・先例集追Ⅸ106頁、登研609号167頁〔解説付〕、月報53巻4号210頁）

水産業協同組合法の一部を改正する法律等の施行に伴う登記事務の取扱い
（平10．3．24、民四第575号民事局第四課長通知・先例集追Ⅸ117頁、登研

609号181頁〔解説付〕、月報53巻 4 号236頁）

株式の消却の手続に関する商法の特例に関する法律の一部を改正する法律の施行に伴う登記事務の取扱い（平13. ９. 12、民商第2187号通知により廃止）

（平10. ３. 30、民四第624号民事局第四課長通知・先例集追IX120頁、登研618号169頁〔解説付〕、月報53巻 5 号136頁）

商業登記等事務取扱手続準則の一部改正

（平10. ４. 28、民四第849号民事局長通達・先例集追IX126頁、登研606号135頁、月報53巻 5 号146頁）

商業登記規則の一部改正等に伴う登記事務の取扱い

（平10. ５. １、民四第876号民事局長通達・先例集追IX152頁、登研606号150頁、月報53巻 5 号161頁）

銀行法等の改正に伴う定款の目的の変更

（平10. ５. 22、民四第986号民事局第四課長通知・先例集追IX210頁、登研610号136頁〔解説付〕、月報53巻 6 号138頁）

銀行の解散の登記

（平10. ６. ２、民四第1055号民事局第四課長通知・先例集追IX212頁、登研610号142頁〔解説付〕、月報53巻 6 号145頁）

組合等登記令の一部を改正する政令の施行に伴う法人登記事務の取扱い

（平10. ８. 31、民四第1605号民事局長通達・先例集追IX213頁、登研614号147頁〔解説付〕、月報53巻 8 号139頁）

特定目的会社による特定資産の流動化に関する法律等の施行に伴う登記事務の取扱い

（平10. 8. 31、民四第1606号民事局長通達・先例集追Ⅸ218頁、登研615号217頁〔解説615号73頁〕、月報53巻12号154頁）

特定目的会社登記規則の施行に伴う登記事務の取扱い

（平10. 8. 31、民四第1607号民事局第四課長依命通知・先例集追Ⅸ252頁、登研615号242頁〔解説615号73頁〕、月報53巻12号182頁）

商業登記等事務取扱手続準則の一部改正

（平10. 9. 14、民四第1740号民事局長通達・先例集追Ⅸ252頁、登研612号175頁、月報53巻9号136頁）

債権譲渡の対抗要件に関する民法の特例等に関する法律等の施行に伴う商業・法人登記事務の取扱い

（平10. 9. 14、民四第1741号民事局長通達・先例集追Ⅸ258頁、登研612号178頁〔解説612号93頁、613号33頁〕、月報53巻9号140頁）

債権譲渡の対抗要件に関する民法の特例等に関する法律等の施行に伴う債権譲渡登記等に関する事務の取扱い

（平10. 9. 22、民四第1822号民事局長通達・先例集追Ⅸ275頁、登研613号119頁、月報53巻10号145頁）

商業登記規則等の一部改正に伴う登記事務の取扱い

（平10. 9. 24、民四第1823号民事局第四課長依命通知・先例集追Ⅸ321頁、登研614号162頁）

前払式証票発行保証金規則の一部を改正する命令の施行に伴う供託事務の

取扱い

（平10. 10. 9、民四第1948号民事局長通達・登研624号148頁、月報53巻11号235頁）

金融機能の再生のための緊急措置に関する法律等の施行に伴う商業・法人登記事務の取扱い

（平10. 10. 22、民四第2049号民事局長通達・先例集追Ⅸ321頁、登研613号102頁〔解説付〕、月報53巻11号202頁）

中小企業等投資事業有限責任組合契約に関する法律等の施行に伴う登記事務の取扱い

（平10. 10. 22、民四第2050号民事局長通達・先例集追Ⅸ333頁、登研623号127頁〔解説付〕、月報53巻12号182頁）

中小企業等投資事業有限責任組合契約登記規則の施行に伴う登記事務の取扱い

（平10. 10. 22、民四第2051号民事局第四課長依命通知・先例集追Ⅸ359頁、登研623号159頁、月報53巻12号233頁）

供託事務取扱手続準則の一部改正

（平10. 11. 26、民四第2097号民事局長・大臣官房会計課長通達・登研624号150頁、月報52巻12号323頁）

供託規則の一部改正に伴う供託事務の取扱い

（平10. 11. 26、民四第2098号民事局長・大臣官房会計課長通達・登研624号151頁、月報52巻12号325頁）

金融システム改革のための関係法律の整備等に関する法律等の施行に伴う

登記事務の取扱い

（平10．11．27、民四第2278号民事局長通達・先例集追Ⅸ359頁、登研616号118頁〔解説付〕、月報53巻12号233頁）

証券投資法人登記規則の施行に伴う取扱い

（平10．11．27、民四第2279号民事局第四課長依命通知・先例集追Ⅸ390頁、登研616号149頁、月報53巻12号322頁）

私的独占の禁止及び公正取引の確保に関する法律の一部を改正する法律の施行に伴う商業・法人登記事務の取扱い

（平10．12．18、民四第2369号民事局長通達・先例集追Ⅸ390頁、登研618号178頁〔解説付〕、月報54巻１号166頁）

債権管理回収業に関する特別措置法の施行に伴う登記事務の取扱い

（平11．１．27、民四第137号民事局第四課長通知・先例集追Ⅸ393頁、登研634号137頁）

登記事務委任規則等の一部を改正する省令の施行に伴う法人登記事務の取扱い

（平11．３．15、民四第498号民事局第四課長通知・先例集追Ⅸ395頁、登研622号131頁、月報54巻４号179頁）

新事業創出促進法の施行に伴う商業登記事務の取扱い

（平11．３．16、民四第506号民事局第四課長通知・先例集追Ⅸ397頁、登研622号133頁〔解説付〕、月報54巻４号182頁）

商品取引所法の一部を改正する法律等の施行に伴う法人登記事務の取扱い

（平11．３．29、民四第602号民事局長通達・先例集追Ⅸ399頁、登研622号

136頁〔解説付〕、月報54巻 4 号185頁）

土地の再評価に関する法律の一部を改正する法律の施行に伴う商業登記事務の取扱い

（平11. 3. 31、民四第650号民事局第四課長通知・先例集追Ⅸ402頁、登研622号143頁〔解説付〕、月報54巻 4 号192頁）

電子情報処理組織による商業法人登記等の事務の取扱い

（平11. 4. 1、民四第653号民事局長通達・先例集追Ⅸ406頁、登研622号149頁〔解説付〕、月報54巻 4 号199頁）

商業登記法第113条の 2 第 1 項に規定する指定登記所における商業登記規則の一部改正に伴う登記事務の取扱い

（平11. 4. 2、民四第667号民事局長通達・先例集追Ⅸ408頁、月報54巻 4 号203頁）

優先株式の転換に伴う株式発行証明書の様式

（平11. 9. 8、民四第1918号民事局第四課長通知・先例集追Ⅸ431頁、登研624号137頁、月報54巻 9 号161頁）

商法等の一部を改正する法律の施行に伴う登記事務の取扱い

（平11. 9. 30、民四第2107号民事局長通達・先例集追Ⅸ433頁、登研624号137頁〔解説625号73頁〕、月報54巻 9 号163頁）

産業活力再生特別措置法の施行に伴う商業登記事務の取扱い

（平11. 9. 30、民四第2108号民事局第四課長通知・先例集追Ⅸ445頁、登研630号144頁〔解説付〕、月報54巻11号75頁）

有料職業紹介事業保証金規則の一部を改正する省令等の施行に伴う供託事務の取扱い

（平11. 11. 29、民四第2546号民事局長通達・登研634号143頁、月報54巻12号181頁）

本店移転登記における債権譲渡登記等の取扱い

（平11. 12. 6、民四第2611号民事局第四課長通知・先例集追Ⅸ452頁、登研634号141頁〔解説付〕、月報54巻12号179頁）

株式移転による設立の登記の申請書に添付すべき定款

（平12. 1. 5、民四第9号民事局第四課長通知・先例集追Ⅸ453頁、登研630号160頁〔解説付〕、月報55巻1号303頁）

道路運送法の一部を改正する法律等の施行に伴う登記事務の取扱い

（平12. 1. 19、民四第103号民事局第四課長依命通知・先例集追Ⅸ453頁、登研632号159頁〔解説付〕、月報55巻4号236頁）

中小企業の創造的事業活動の促進に関する臨時措置法の一部改正に伴う登記事務の取扱い

（平12. 2. 16、民四第397号民事局第四課長通知・先例集追Ⅸ455頁、登研632号163頁〔解説付〕、月報55巻4号240頁）

新事業創出促進法の一部を改正する法律の施行に伴う登記事務の取扱い

（平12. 3. 1、民四第407号民事局第四課長通知・先例集追Ⅸ456頁、登研632号165頁〔解説付〕、月報55巻4号248頁）

中小企業団体の組織に関する法律の一部改正に伴う登記事務の取扱い

（平12. 3. 1、民四第544号民事局長通達・先例集追Ⅸ458頁、登研632号

171頁〔解説付〕、月報55巻4号264頁）

民事再生法等の施行に伴う商業・法人登記事務の取扱い

（平12．3．31、民四第802号民事局長通達・先例集追Ⅸ463頁、登研635号94頁〔解説付〕、月報55巻5号133頁）

民法の一部を改正する法律等の施行に伴う商業登記事務の取扱い

（平12．3．31、民四第804号民事局長通達・先例集追Ⅸ480頁、登研634号129頁〔解説付〕、月報55巻4号275頁）

株式の消却の手続に関する商法の特例に関する法律の一部を改正する法律の一部を改正する法律の施行に伴う登記事務の取扱い

（平12．3．31、民四第805号民事局第四課長通知・先例集追Ⅸ482頁、登研634号133頁〔解説付〕、月報55巻4号279頁）

農業災害補償法及び農林漁業信用基金法の一部を改正する法律の施行に伴う法人登記事務の取扱い

（平12．3．31、民四第806号民事局長通達・先例集追Ⅸ482頁、登研634号139頁〔解説付〕、月報55巻4号282頁）

民事再生法等の施行に伴う供託事務の取扱い

（平12．3．31、民四第843号民事局長通達・登研635号122頁〔解説付〕、月報55巻5号164頁）

保険業法及び金融機関等の更生手続の特例等に関する法律の一部を改正する法律等の施行に伴う商業・法人登記事務の取扱い

（平12．6．29、民四第1486号民事局第四課長通知・先例集追Ⅸ484頁、登研638号120頁〔解説付〕、月報55巻10号129頁）

家畜商営業保証金の供託及び払渡請求手続

（平12．6．30、民四第1530号民事局長通達・月報55巻10号165頁）

有価証券に係る投資顧問業の規制等に関する法律の施行に伴う供託事務の取扱いの一部改正について

（平12．7．3、民四第2038号民事局長通達・登研638号151頁、月報55巻9号179頁）

商業登記法等の一部を改正する法律等の施行に伴う電子認証事務の取扱い

（平12．9．29、民四第2274号民事局長通達・先例集追Ⅸ489頁、登研640号132頁〔解説640号77頁、642号1頁〕、月報56巻1号231頁）

港湾運送事業法の一部を改正する法律の施行に伴う登記事務の取扱い

（平12．10．13、民四第2310号民事局第四課長通知・先例集追Ⅸ507頁、登研638号148頁〔解説付〕、月報55巻10号162頁）

独立行政法人通則法等の施行に伴う法人登記事務の取扱い

（平12．11．6、民四第2518号民事局長通達・先例集追Ⅸ508頁、登研640号147頁〔解説付〕、月報56巻1号247頁）

弁理士法等の施行に伴う登記事務の取扱い

（平12．11．6、民四第2519号民事局第四課長通知・先例集追Ⅸ510頁、登研639号149頁〔解説付〕、月報55巻11号201頁）

証券取引法及び金融先物取引法の一部を改正する法律等の施行に伴う登記事務の取扱い

（平12．11．28、民四第2667号民事局第四課長通知・先例集追Ⅸ515頁、登

研642号113頁〔解説付〕、月報56巻1号264頁）

特定目的会社登記規則及び証券投資法人登記規則の一部を改正する省令の施行に伴う登記事務の取扱い

（平12. 11. 29、民四第2665号民事局第四課長依命通知・先例集追Ⅸ522頁、登研642号169頁、月報56巻1号329頁）

特定目的会社による特定資産の流動化に関する法律等の一部を改正する法律等の施行に伴う登記事務の取扱い

（平12. 11. 29、民四第2679号民事局第四課長通知・先例集追Ⅸ522頁、登研642号133頁〔解説付〕、月報56巻1号287頁）

供託事務取扱手続準則の一部改正

（平12. 12. 27、民四第2906号民事局長通達・登研643号173頁、月報56巻1号342頁）

中央省庁の再編による行政機関名の変更に伴う登記手続

（平12. 12. 27、民四第2914号民事局第四課長通知・先例集追Ⅸ536頁、登研643号160頁、月報56巻1号330頁）

登記情報交換による商業登記簿等の登記事項証明書及び印鑑証明書の交付事務の取扱い

（平13. 1. 4、民四第1号民事局長通達・先例集追Ⅸ539頁、登研643号161頁、月報56巻1号331頁）

独立行政法人の設立の登記等の事務の取扱い

（平13. 1. 11、民商第35号民事局長通達・登研643号162頁、月報56巻1号332頁）

宅地建物取引業法に基づき供託された営業保証金の時効完成に伴う歳入納付に係る取扱いの変更

　（平13．1．19、民商第126号民事局長通達・登研643号175頁、月報56巻2号124頁）

　商法等の一部を改正する法律等の施行に伴う商業登記事務の取扱い

　（平13．3．1、民商第599号民事局長通達・先例集追Ⅸ541頁、登研644号211頁〔解説644号29頁〕、月報56巻5号252頁）

　預金保険法等の一部を改正する法律等の施行に伴う商業・法人登記事務の取扱い

　（平13．3．8、民商第660号民事局長通達・先例集追Ⅸ568頁、登研647号141頁〔解説付〕、月報56巻5号275頁）

　商法第359条第1項の規定による公告をしたことを証する書面の取扱い

　（平13．3．12、民商第683号民事局商事課長通知・先例集追Ⅸ583頁、登研643号171頁〔解説付〕、月報56巻3号101頁）

　債権譲渡登記規則の一部を改正する省令の施行に伴う商業・法人登記事務の取扱い

　（平13．3．22、民商第761号民事局長通達・先例集追Ⅸ583頁、登研652号142頁、月報56巻12号120頁）

　外国倒産処理手続の承認援助に関する法律等の施行に伴う商業・法人登記事務の取扱い

　（平13．3．23、民商第768号民事局長通達・先例集追Ⅸ585頁、登研647号163頁〔解説付〕、月報56巻5号299頁）

債権譲渡登記令及び登記手数料令の一部を改正する政令等の施行に伴う債権譲渡登記事務の取扱い

（平13. 3. 23、民商第771号民事局長通達・先例集追Ⅸ595頁、登研652号143頁、月報56巻12号121頁）

会社分割において債権者に対する公告及び催告を省略することの可否

（平13. 4. 19、民商第1091号民事局商事課長通知・先例集追Ⅸ615頁、登研646号158頁〔解説付〕、月報56巻5号320頁）

商法第321条第2項の規定に基づき供託された社債券について取戻しを請求する際の添附書類

（平13. 6. 1、民商第1436号民事局商事課長通知・登研652号159頁、月報56巻7号180頁）

独立行政法人の資本金の額の更正

（平13. 6. 20、民商第1566号民事局商事課長通知・先例集追Ⅸ616頁、登研652号137頁〔解説付〕、月報56巻10号133頁）

商法等の一部を改正する等の法律等の施行に伴う商業登記事務の取扱い

（平13. 9. 12、民商第2185号民事局長通達・先例集追Ⅸ620頁、登研648号177頁〔解説648号111頁〕、月報56巻11号274頁）

電子情報処理組織による商業登記等の事務の取扱い

（平13. 9. 12、民商第2186号民事局長通達・先例集追Ⅸ641頁、登研648号194頁、月報56巻11号291頁）

株式の消却の手続に関する商法の特例に関する法律の廃止に伴う登記事務

の取扱い

（平13．9．12、民商第2187号民事局商事課長通知・先例集追Ⅸ643頁、登
研648号195頁、月報56巻11号293頁）

**農林中央金庫法及び農業協同組合法等の一部を改正する法律の施行に伴う
登記事務の取扱い**

（平13．12．12、民商第3014号民事局商事課長通知・先例集追Ⅸ643頁、登
研655号162頁、月報57巻3号113頁）

資本の額が最低資本金の額を満たさない長期信用銀行の設立の登記の受否

（平13．12．25、民商第3126号民事局商事課長通知・先例集追Ⅸ653頁、登
研653号160頁〔解説付〕、月報57巻2号113頁）

中間法人法の施行に伴う法人登記事務の取扱い

（平14．1．15、民商第85号民事局長通達・先例集追Ⅸ655頁、登研651号
127頁、月報57巻2号115頁）

**中間法人法で定める有限責任中間法人の基金拠出払込金保管証明書及び基
金拠出申込取扱証明書の様式**

（平14．1．29、民商第248号民事局商事課長通知・先例集追Ⅸ731頁、登研
655号169頁、月報57巻3号120頁）

**道路運送法及びタクシー業務適正化臨時措置法の一部を改正する法律の施
行に伴う商業・法人登記事務の取扱い**

（平14．1．30、民商第265号民事局商事課長依命通知・先例集追Ⅹ561頁、
登研665号153頁、月報58巻4号283頁）

商業登記等事務取扱手続準則等の一部改正

（平14．3．4、民商第581号民事局長通達・先例集追Ⅸ734頁、登研655号172頁〔解説付〕、月報57巻4号232頁）

商号中に「なかてん（・）」を用いることの可否

（平14．3．20、民商第688号民事局商事課長通知・先例集追Ⅸ737頁、登研655号175頁、月報57巻4号235頁）

税理士法の一部を改正する法律等の施行に伴う法人登記事務の取扱い

（平14．3．25、民商第716号民事局商事課長通知・先例集追Ⅸ738頁、登研659号147頁〔解説付〕、月報57巻8号224頁）

弁護士法の一部を改正する法律等の施行に伴う法人登記事務の取扱い

（平14．3．25、民商第717号民事局商事課長通知・先例集追Ⅸ744頁、登研663号157頁〔解説付〕、月報57巻5号506頁）

商業登記等事務取扱手続準則の一部改正

（平14．3．29、民商第723号民事局長通達・登研657号189頁、月報57巻9号213頁）

商法等の一部を改正する法律等の施行に伴う商業・法人登記事務の取扱い

（平14．3．29、民商第724号民事局長通達・先例集追Ⅹ563頁、登研657号192頁〔解説657号145頁、658号119頁〕、月報57巻9号216頁）

商業登記規則等の一部を改正する省令等の施行に伴う商業登記事務の取扱い

（平14．3．29、民商第725号民事局商事課長依命通知・先例集追Ⅹ607頁、登研657号228頁〔解説657号145頁、658号119頁〕、月報57巻9号259頁）

電子情報処理組織による商業登記等の事務の取扱い

（平14. 3. 29、民商第726号民事局長通達・先例集追Ⅹ607頁、登研657号229頁〔解説661号175頁〕、月報57巻 9 号260頁）

弁済供託金の払渡請求権の消滅時効の起算点に関する取扱い

（平14. 3. 29、民商第802号民事局長通達・登研667号174頁、月報57巻 8 号269頁）

弁済供託金の払渡請求権の消滅時効の起算点に関する取扱い

（平14. 3. 29、民商第803号民事局商事課長依命通知・登研667号175頁、月報57巻 8 号270頁）

特定非営利活動促進法における「認証に関する書類」の取扱い

（平14. 4. 5、民商第880号民事局商事課長依命通知・先例集追Ⅹ 1 頁、登研659号162頁、月報57巻 6 号137頁）

「商業登記法等の一部を改正する法律等の施行に伴う電子認証事務の取扱いについて（平成12年 9 月29日付け法務省民四第2274号民事局長通達）」の一部改正

（平14. 4. 25、民商第1049号民事局長通達・先例集追Ⅹ 3 頁、登研658号194頁、月報57巻 9 号289頁）

商業登記等事務取扱手続準則の一部改正

（平14. 4. 25、民商第1066号民事局長通達・先例集追Ⅹ 7 頁、登研658号173頁、月報57巻 9 号262頁）

商法及び株式会社の監査等に関する商法の特例に関する法律の一部を改正する法律等の施行に伴う商業・法人登記事務の取扱い

（平14．4．25、民商第1067号民事局長通達・先例集追Ｘ7頁、登研658号175頁〔解説658号119頁〕、月報57巻9号265頁）

商業登記規則等の一部を改正する省令等の施行に伴う商業・法人登記事務の取扱い

（平14．4．25、民商第1068号民事局商事課長依命通知・先例集追Ｘ28頁、登研658号193頁〔解説658号119頁〕、月報57巻9号288頁）

新株の引受権の付与に関する規定の登記の取扱い

（平14．5．20、民商第1229号民事局商事課長通知・先例集追Ｘ29頁、登研658号200頁〔解説付〕、月報57巻9号298頁）

基準日後に発行された新株の株主の議決権

（平14．6．10、民商第1408号民事局商事課長通知・先例集追Ｘ30頁、登研666号195頁〔解説付〕、月報58巻2号191頁）

休眠会社の整理等

（平14．7．8、民商第1647号民事局長通達・先例集追Ｘ31頁、登研664号129頁、月報57巻8号251頁）

休眠会社の整理等

（平14．7．8、民商第1648号民事局商事課長依命通知・先例集追Ｘ43頁、登研664号142頁、月報57巻8号266頁）

供託規則の一部改正に伴う供託事務の取扱い

（平14．7．9、民商第1657号民事局長通達・登研667号177頁、月報57巻9号327頁）

官報公告に印刷誤りがあった場合の登記事項の取扱い

（平14．7．30、民商第1832号民事局商事課長通知・先例集追Ｘ45頁、登研658号202頁〔解説付〕、月報57巻9号300頁）

商業登記規則等の一部を改正する省令等の施行に伴う登記事務の取扱い

（平14．7．31、民商第1839号民事局長通達・先例集追Ｘ45頁、登研656号241頁〔解説661号175頁〕、月報57巻9号302頁）

電子情報処理組織による商業登記等の事務の取扱い

（平14．7．31、民商第1840号民事局長通達・先例集追Ｘ47頁、登研656号242頁〔解説661号175頁〕、月報57巻9号303頁）

商業登記規則等の一部を改正する省令等の施行に伴う登記事務の取扱い

（平14．7．31、民商第1841号民事局商事課長依命通知・先例集追Ｘ49頁、登研656号244頁〔解説661号175頁〕、月報57巻9号306頁）

新株予約権の払込金保管証明書、申込取扱証明書及び新株予約権付社債等の新株予約権行使請求取扱証明書等の様式

（平14．8．13、民商第1921号民事局商事課長通知・先例集追Ｘ70頁、登研664号144頁、月報57巻10号213頁）

平仮名で表記した商号に長音符号「ー」を用いることについて

（平14．8．14、民商第1960号民事局商事課長通知・先例集追Ｘ72頁、登研658号203頁、月報57巻9号326頁）

新株予約権の発行価額の払込みがあったことを証する書面

（平14．8．28、民商第2037号民事局商事課長通知・先例集追Ｘ73頁、登研664号146頁、月報57巻10号218頁）

「商業登記法等の一部を改正する法律等の施行に伴う電子認証事務の取扱いについて（平成12年９月29日付け法務省民四第2274号民事局長通達）」の一部改正

（平14．８．30、民商第1909号民事局長通達・先例集追Ｘ75頁、登研664号148頁、月報57巻10号220頁）

「商業登記法等の一部を改正する法律等の施行に伴う電子認証事務の取扱いについて（平成12年９月29日付け法務省民四第2274号民事局長通達）」の一部改正

（平14．８．30、民商第1910号民事局長通達・先例集追Ｘ76頁、登研664号149頁、月報57巻10号224頁）

目的の登記にローマ字を含む語句を用いることについて

（平14．10．７、民商第2365号民事局商事課長通知・先例集追Ｘ77頁、登研664号150頁〔解説付〕、月報57巻11号201頁）

電子情報処理組織による商業登記等の事務の取扱い

（平14．11．18、民商第2702号民事局長通達・先例集追Ｘ78頁、登研664号152頁〔解説付〕、月報58巻１号270頁）

抵当権者から物上代位により供託金払渡請求権を差し押さえるための閲覧請求があった場合の処理

（平14．11．22、民商第2758号民事局商事課長通知・登研667号178頁、月報58巻２号203頁）

中小企業等投資事業有限責任組合契約に関する法律の一部改正に伴う商業・法人登記事務の取扱い

（平14．12．13、民商第2968号民事局商事課長通知・先例集追Ⅹ79頁、登研
666号198頁、月報58巻2号196頁）

民事再生法による監督命令の変更の登記の嘱託があった場合の登記の記載例

（平14．12．16、民商第2989号民事局商事課長通知・先例集追Ⅹ80頁、登研
666号199頁〔解説付〕、月報58巻2号200頁）

電話会議の方法による取締役会の議事録を添付した登記の申請

（平14．12．18、民商第3045号民事局商事課長通知・先例集追Ⅹ81頁、登研
662号171頁〔解説付〕、月報58巻3号266頁）

新株予約権の発行価額の払込みがあったことを証する書面

（平14．12．25、民商第3231号民事局商事課長通知・先例集追Ⅹ83頁、登研
662号173頁〔解説付〕、月報58巻3号270頁）

商業登記等事務取扱手続準則の一部改正

（平14．12．27、民商第3238号民事局長通達・先例集追Ⅹ84頁、登研662号
181頁）

商法等の一部を改正する法律等の施行に伴う商業登記事務の取扱い

（平14．12．27、民商第3239号民事局長通達・先例集追Ⅹ85頁、登研662号
183頁〔解説671号87頁〕）

供託事務取扱手続準則の一部改正

（平15．1．6、民商第1号民事局長・大臣官房会計課長通達・登研668号
162頁、月報58巻5号290頁）

供託規則等の一部改正に伴う振替国債の供託事務の取扱い

（平15. 1. 6、民商第2号民事局長・大臣官房会計課長通達・登研668号190頁、月報58巻5号230頁）

供託規則等の一部改正に伴う光学的文字読取装置（OCR）による供託事務の取扱い

（平15. 1. 6、民商第3号民事局長・大臣官房会計課長通達・登研668号211頁、月報58巻5号343頁）

「商法及び株式会社の監査等に関する商法の特例に関する法律の一部を改正する法律等の施行に伴う商業・法人登記事務の取扱いについて」の一部改正

（平15. 1. 10、民商第86号民事局長通達・先例集追X153頁、登研662号239頁、月報58巻4号274頁）

新事業創出促進法の一部改正に伴う商業登記事務の取扱い

（平15. 1. 21、民商第190号民事局商事課長通知・先例集追X157頁、登研662号252頁〔解説666号201頁〕、月報58巻6号312頁）

委員会等設置会社に関する登記の受否

（平15. 1. 29、民商第272号民事局商事課長通知・先例集追X173頁、登研662号264頁、月報58巻3号279頁）

中小企業等投資事業有限責任組合契約に係る変更の登記の添付書面

（平15. 2. 18、民商第467号民事局商事課長依命通知・先例集追X174頁、登研668号44頁〔解説付〕、月報58巻7号292頁）

社会保険労務士法の一部を改正する法律等の施行に伴う法人登記事務の取

扱い

（平15．2．20、民商第513号民事局商事課長通知・先例集追X175頁、登研665号154頁、月報58巻4号284頁）

営業の種類として「前号に附帯する一切の業務」等と記載した商号新設の登記申請の受否

（平15．2．21、民商第535号民事局商事課長通知・先例集追X181頁、登研665号159頁〔解説付〕、月報58巻4号290頁）

既に発せられた仮差押命令と同一の被保全債権に基づき異なる目的物について仮差押命令が発せられた場合における仮差押解放金の供託

（平15．3．3、民商第631号民事局長通達・登研668号248頁、月報58巻5号382頁）

供託振替国債払渡請求権の差押え後にされた代供託及び附属供託の取扱い

（平15．3．26、民商第875号民事局長通達・登研668号250頁、月報58巻5号385頁）

会社更生法等の施行に伴う商業・法人登記事務等の取扱い

（平15．3．31、民商第936号民事局長通達・先例集追X181頁、登研668号56頁〔解説670号59頁〕、月報58巻7号308頁）

司法書士法の一部改正に伴う法人登記事務の取扱い

（平15．4．1、民商第891号民事局商事課長通知・先例集追X226頁、登研668号142頁〔解説付〕、月報58巻7号406頁）

定時株主総会における社外監査役補欠者の予選の可否

（平15．4．9、民商第1079号民事局商事課長通知・先例集追X236頁、登

研664号161頁〔解説665号150頁〕、月報58巻5号287頁）

産業活力再生特別措置法の一部を改正する法律の施行に伴う商業・法人登記事務の取扱い

（平15．4．9、民商第1082号民事局商事課長通知・先例集追Ⅹ236頁、登研670号156頁〔解説付〕、月報58巻9号181頁）

金融機関等の更生手続の特例等に関する法律の一部改正に伴う商業・法人登記事務の取扱い

（平15．4．10、民商第964号民事局商事課長通知・登研668号93頁、月報58巻7号350頁）

関税定率法等の一部を改正する法律等の施行に伴う供託事務の取扱い

（平15．4．17、民商第1175号民事局長通達・登研676号120頁、月報59巻2号298頁）

特定非営利活動促進法の一部を改正する法律の施行に伴う法人登記事務の取扱い

（平15．4．18、民商第1197号民事局商事課長通知・先例集追Ⅹ322頁、登研669号157頁〔解説付〕、月報58巻9号256頁）

医療法人の理事長の就任による変更の登記の申請書に添付すべき書面

（平15．4．22、民商第1223号民事局商事課長通知・先例集追Ⅹ323頁、登研668号141頁〔解説付〕、月報58巻7号403頁）

役員全員の解任を内容とする登記申請があった場合の取扱い

（平15．5．6、民商第1405号民事局商事課長通知・先例集追Ⅹ324頁、登研668号47頁〔解説付〕、月報58巻7号295頁）

類似商号でない例

（平15. 5. 14、民商第1467号民事局商事課長通知・先例集追Ⅹ327頁、登研668号54頁、月報58巻7号304頁）

建物の区分所有等に関する法律の一部改正に伴う法人登記事務の取扱い

（平15. 5. 28、民商第1590号民事局長通達・先例集追Ⅹ327頁、登研669号160頁〔解説付〕、月報58巻9号262頁）

清算中の大会社への商法特例法第18条第1項の適用

（平15. 5. 28、民商第1604号民事局商事課長通知・先例集追Ⅹ332頁、登研668号55頁〔解説付〕、月報58巻7号307頁）

商業登記規則等の一部を改正する省令の施行等に伴う商業・法人登記事務の取扱い

（平15. 5. 30、民商第1609号民事局長通達・先例集追Ⅹ332頁、登研672号152頁〔解説672号83頁〕、月報58巻12号288頁）

保険業法の一部を改正する法律等の施行に伴う法人登記事務の取扱い

（平15. 6. 6、民商第1650号民事局商事課長通知・先例集追Ⅹ336頁、登研669号169頁、月報58巻9号277頁）

登記事項を記録した磁気ディスクの提出による商業登記等の事務の取扱い

（平15. 6. 20、民商第1790号民事局長通達・先例集追Ⅹ364頁、登研669号193頁〔解説付〕、月報58巻9号314頁）

印鑑を提出していない外国人が商業登記の申請をする場合の署名証明

（平15. 6. 30、民商第1871号民事局商事課長通知・先例集追Ⅹ366頁、登

研669号198頁〔解説付〕、月報58巻 8 号175頁）

株式会社への組織変更決議に係る社員総会において新たに選任された株式会社の取締役の社員総会議事録への署名義務

（平15. 7. 16、民商第2015号民事局商事課長通知・先例集追Ⅹ372頁、登研669号199頁〔解説付〕、月報58巻 9 号319頁）

土地家屋調査士法の一部改正に伴う法人登記事務の取扱い

（平15. 7. 30、民商第2139号民事局商事課長通知・先例集追Ⅹ372頁、登研669号200頁、月報58巻 9 号321頁）

保険業法の一部を改正する法律の施行に伴う法人登記事務の取扱い

（平15. 8. 8、民商第2223号民事局商事課長通知・先例集追Ⅹ379頁、登研670号187頁〔解説付〕、月報58巻10号304頁）

貨物利用運送事業を目的とする法人の合併の登記

（平15. 8. 18、民商第2291号民事局商事課長通知・先例集追Ⅹ383頁、登研670号195頁、月報58巻10号313頁）

供託規則等の一部改正に伴う供託事務の取扱い

（平15. 9. 18、民商第2803号民事局長通達・登研676号133頁、月報59巻 2 号312頁）

供託規則等の一部改正に伴う光学的文字読取装置（OCR）による供託事務の取扱い

（平15. 9. 18、民商第2804号民事局長通達・登研676号140頁、月報59巻 2 号320頁）

特定非営利活動法人の理事の印鑑証明書等の交付

（平15．11．7、民商第3320号民事局商事課長通知・先例集追Ⅹ387頁、登研672号156頁〔解説付〕、月報58巻12号291頁）

新株予約権の登記を支店の所在地において登記する場合における登記の事由等の年月日の記載

（平15．12．3、民商第3595号民事局商事課長通知・先例集追Ⅹ387頁、登研673号174頁〔解説付〕、月報59巻1号305頁）

支払証明書に住所・氏名が記載されている代理人が供託物の払渡を請求する場合の印鑑証明書添付の要否

（平15．12．12、民商第3674号民事局商事課長通知・登研676号177頁〔解説付〕、月報59巻3号161頁）

本店及び支店の所在地において登記すべき事項の登記について職権更正をした場合の取扱い

（平15．12．22、民商第3773号民事局商事課長通知・先例集追Ⅹ388頁、登研675号116頁〔解説付〕、月報59巻3号155頁）

親会社を同じくする完全子会社間における新株を割り当てない吸収合併の登記

（平16．1．15、民商第84号民事局商事課長通知・先例集追Ⅹ391頁、登研675号119頁〔解説付〕、月報59巻3号159頁）

有料職業紹介事業保証金規則の廃止等に関する省令の施行に伴う供託事務の取扱い

（平16．2．25、民商第551号民事局長通達・登研677号172頁、月報59巻4号240頁）

国立大学法人法等の施行に伴う法人登記事務の取扱い

（平16．2．27、民商第563号民事局商事課長通知・先例集追Ⅹ391頁、登研678号150頁〔解説付〕、月報59巻6号289頁）

類似商号でない例

（平16．3．2、民商第607号民事局商事課長通知・先例集追Ⅹ397頁、登研676号118頁〔解説付〕、月報59巻4号238頁）

受取証書の交付を反対給付の内容とする弁済供託についての反対給付を証する書面

（平16．3．2、民商第609号民事局商事課長通知・登研677号176頁〔解説付〕、月報59巻5号334頁）

公認会計士法の一部改正に伴う法人登記事務の取扱い

（平16．3．17、民商第752号民事局商事課長通知・月報59巻5号326頁）

担保物権及び民事執行制度の改善のための民法等の一部を改正する法律等の施行に伴う供託事務の取扱い

（平16．3．19、民商第782号民事局長通達・登研677号178頁、月報59巻5号339頁）

地方独立行政法人法等の施行に伴う法人登記事務の取扱い

（平16．3．22、民商第796号民事局商事課長通知・月報59巻5号330頁）

商業登記規則等の一部を改正する省令の施行等に伴う商業・法人登記事務の取扱い

（平16．3．31、民商第952号民事局長通達・先例集追Ⅹ398頁、登研677号

146頁〔解説678号1頁〕、月報59巻5号288頁）

商業登記等事務取扱手続準則の一部改正

（平16．3．31、民商第953号民事局長通達・先例集追Ｘ422頁、登研677号
167頁〔解説677号1頁〕、月報59巻5号319頁）

商業登記規則等の一部を改正する省令の施行等に伴う商業・法人登記事務の取扱い

（平16．3．31、民商第954号民事局商事課長通知・登研677号168頁〔解説
678号1頁〕、月報59巻5号322頁）

再生手続開始の申立てが棄却され、又はその申立ての取下げがされた場合の監督命令の登記の取扱い

（平16．4．13、民商第1181号民事局商事課長通知・先例集追Ｘ426頁、登
研678号160頁〔解説付〕、月報59巻6号298頁）

中小企業等投資事業有限責任組合契約に関する法律の一部を改正する法律の施行に伴う法人登記事務の取扱い

（平16．4．28、民商第1325号民事局商事課長通知・先例集追Ｘ427頁、登
研681号131頁、月報59巻8号339頁）

登記手数料令及び債権譲渡登記令の一部を改正する政令等の施行に伴う債権譲渡登記事務の取扱い

（平16．4．28、民商第1341号民事局長通達・先例集追Ｘ431頁、登研678号
162頁、月報59巻6号300頁）

構造改革特別区域法第12条第1項の規定により学校教育法第4条第1項の認可を受けて学校を設置する株式会社から目的変更の登記申請があった場

合の当該認可書の添付の要否等

　（平16．6．18、民商第1766号商事課長通知・先例集追Ⅹ448頁、登研681号134頁〔解説付〕、月報59巻8号371頁）

　商工会議所法及び商工会法の一部を改正する法律の施行に伴う法人登記事務の取扱い

　（平16．6．21、民商第1782号民事局商事課長通知・先例集追Ⅹ449頁、登研681号136頁、月報59巻8号341頁）

　債権譲渡登記システムセキュリティ規定の策定

　（平16．7．1、民商第1877号民事局長通達・月報59巻8号346頁）

　商業登記規則第36条第4項第3号の規定に基づき法務大臣が指定する特定認証業務の変更

　（平16．7．12、民商第1906号民事局長通達・先例集追Ⅹ455頁、登研681号142頁、月報59巻8号371頁）

　行政書士法の一部改正に伴う法人登記事務の取扱い

　（平16．7．16、民商第2013号民事局商事課長通知・先例集追Ⅹ456頁、登研681号142頁〔解説付〕、月報59巻9号93頁）

　農事組合法人の事業範囲

　（平16．7．20、民商第2061号民事局商事課長依命通知・先例集追Ⅹ473頁、登研681号171頁〔解説付〕、月報59巻9号128頁）

　金融機能の強化のための特別措置に関する法律及び預金保険法の一部を改正する法律の施行に伴う商業・法人登記事務の取扱い

　（平16．7．26、民商第2075号民事局商事課長通知・先例集追Ⅹ474頁、登

研681号173頁、月報59巻 9 号131頁）

　商業法人オンライン申請に使用することができる特定認証業務電子証明書
（平16. 7. 26、民商第2083号民事局商事課長通知・先例集追Ｘ487頁、登
研681号186頁、月報59巻 9 号143頁）

　株式等の取引に係る決済の合理化を図るための社債等の振替に関する法律
等の一部を改正する法律の一部の施行に伴う商業・法人登記事務の取扱い
（平16. 9. 24、民商第2629号民事局長通達・先例集追Ｘ491頁、登研683号
75頁〔解説付〕、月報59巻11号176頁）

　破産法等の施行に伴う商業・法人登記事務の取扱い
（平16. 11. 24、民商第3297号民事局商事課長通知・先例集追Ｘ513頁、登
研685号224頁、月報60巻 1 号407頁）

　破産法等の施行に伴う商業・法人登記事務の取扱い
（平16. 12. 16、民商第3495号民事局長通達・先例集追Ｘ514頁、登研686号
367頁〔解説付〕、月報60巻 2 号309頁）

　破産法の施行に伴う供託事務の取扱い
（平16. 12. 16、民商第3556号民事局長通達・月報60巻 3 号412頁）

　電子公告制度の導入のための商法等の一部を改正する法律の施行に伴う商
業・法人登記事務の取扱い
（平17. 1. 26、民商第192号民事局長通達・先例集追Ｘ535頁、登研688号
231頁、月報60巻 3 号385頁）

　信託業法等の施行に伴う供託事務の取扱い

（平17．2．7、民商第321号民事局長通達・登研689号222頁、月報60巻3号415頁）

株式会社の資本の額を零にする資本の減少及びその効力発生日を払込期日とする新株の発行による変更の登記の申請

（平17．2．22、民商第471号民事局商事課長通知・先例集追X560頁、登研691号188頁〔解説付〕、月報60巻4号201頁）

供託事務取扱手続準則の一部改正

（平17．3．1、民商第543号民事局長・大臣官房会計課長通達・登研689号251頁、月報60巻4号204頁）

供託規則の一部改正等に伴う供託事務の取扱い

（平17．3．1、民商第544号民事局長・大臣官房会計課長通達・登研689号258頁、月報60巻4号212頁）

商業登記等事務取扱手続準則の改正

（平17．3．2、民商第500号民事局長通達・先例集追XI1頁、登研689号151頁、月報60巻6号228頁）

不動産登記法の施行に伴う関係法律の整備等に関する法律の施行に伴う商業・法人登記等の事務の取扱い

（平17．3．2、民商第501号民事局長通達・先例集追XI34頁、登研689号178頁、月報60巻6号325頁）

不動産登記法の施行に伴う関係法律の整備等に関する法律第53条第2項の規定による指定を受けた事務に係る登記簿の改製作業等の取扱い

（平17．3．2、民商第502号民事局長通達・先例集追XI44頁、登研689号

186頁〔解説付〕、月報60巻 6 号335頁）

私立学校法の一部を改正する法律の施行に伴う法人登記事務の取扱い

（平17．3．3、民商第496号民事局商事課長通知・先例集追XI53頁、登研691号191頁〔解説付〕、月報60巻 6 号346頁）

夫婦財産契約登記規則等の施行に伴う夫婦財産契約に関する登記事務の取扱い

（平17．3．4、民商第612号民事局長通達・先例集追XI62頁、登研715号106頁、月報60巻 4 号238頁）

旅行業法の一部を改正する法律の施行に伴う供託事務の取扱い

（平17．3．16、民商第721号民事局長通達・登研692号147頁、月報60巻 5 号498頁）

オンライン登記申請等に係る商業・法人登記等の事務の取扱い

（平17．3．18、民商第741号民事局長通達・先例集追XI83頁、登研689号195頁、月報60巻 6 号354頁）

商業登記等事務取扱手続準則の一部改正

（平17．3．18、民商第742号民事局長通達・先例集追XI111頁、登研689号220頁、月報60巻 6 号390頁）

商業登記規則等の一部を改正する省令の施行等に伴う商業・法人登記事務の取扱い

（平17．3．18、民商第743号民事局商事課長通知・先例集追XI111頁、登研690号209頁、月報60巻 5 号490頁）

農業協同組合法及び農業信用保証保険法の一部を改正する法律の施行に伴う法人登記事務の取扱い

（平17．3．24、民商第759号民事局商事課長通知・先例集追Ⅺ113頁、登研695号97頁〔解説付〕、月報60巻10号207頁）

商業登記等事務取扱手続準則の一部改正

（平17．3．31、民商第854号民事局長通達・先例集追Ⅺ123頁、登研715号124頁、月報60巻6号392頁）

行政事件訴訟法の一部を改正する法律の施行に伴う債権譲渡登記事務の取扱い

（平17．3．31、民商第855号民事局長通達・先例集追Ⅺ126頁、登研715号189頁、月報60巻5号493頁）

行政事件訴訟法の一部を改正する法律の施行に伴う供託事務の取扱い

（平17．3．31、民商第856号民事局長通達・月報60巻5号500頁）

関税定率法等の一部を改正する法律等の施行に伴う供託事務の取扱い

（平17．4．4、民商第944号民事局長通達・登研692号148頁、月報60巻5号505頁）

商品取引所法の一部を改正する法律の施行に伴う商業・法人登記事務の取扱い

（平17．4．4、民商第945号民事局商事課長通知・先例集追Ⅺ131頁、登研695号117頁〔解説付〕、月報60巻10号232頁）

供託事務取扱手続準則の一部改正

（平17．5．27、民商第1259号民事局長通達・登研692号161頁、月報60巻7

号265頁）

有限責任事業組合契約に関する法律等の施行に伴う登記事務の取扱い

（平17．7．29、民商第1713号民事局長通達・月報60巻9号247頁）

商業登記等事務取扱手続準則の一部改正

（平17．9．30、民商第2289号民事局長通達・先例集追XI166頁、登研701号
142頁、月報61巻2号321頁）

債権譲渡の対抗要件に関する民法の特例等に関する法律の一部を改正する
法律等の施行に伴う動産譲渡登記等の事務の取扱い

（平17．9．30、民商第2290号民事局長通達・先例集追XI167頁、登研711号
91頁、月報61巻2号368頁）

債権譲渡の対抗要件に関する民法の特例等に関する法律の一部を改正する
法律等の施行に伴う動産譲渡登記等に関する事務の取扱い

（平17．9．30、民商第2291号民事局長通達・先例集追XI196頁、登研711号
119頁、月報61巻2号396頁）

不動産登記所における商業・法人登記情報交換請求事務の取扱い

（平17．12．5、民商第2738号民事局商事課長通知・先例集追XI239頁、登
研715号127頁、月報61巻2号322頁）

会社法の施行に伴う関係法律の整備等に関する法律等の規定による職権登
記実施要領

（平18．1．19、民商第103号民事局長通達・先例集追XI241頁、登研715号
128頁、月報61巻2号324頁）

司法書士が作成代理人として記名押印又は署名している定款が添付された登記申請の取扱い

（平18．1．20、民商第136号民事局商事課長通知・先例集追Ⅺ281頁、登研696号264頁〔解説付〕、月報61巻2号364頁）

保険業法等の一部を改正する法律等の施行に伴う商業・法人登記事務の取扱い

（平18．3．16、民商第676号民事局商事課長通知・先例集追Ⅺ281頁、登研699号165頁〔解説付〕、月報61巻4号155頁）

保険業法等の一部を改正する法律の施行等に伴う供託事務の取扱い

（平18．3．24、民商第720号民事局長通達・登研708号152頁、月報61巻5号337頁）

会社法の施行に伴う商業登記事務の取扱い

（平18．3．31、民商第782号民事局長通達・先例集追Ⅺ286頁、登研698号73頁、月報61巻5号129頁）

私立学校法の一部を改正する法律の施行に伴う法人登記事務の取扱いの一部改正

（平18．4．3、民商第802号民事局商事課長通知・先例集追Ⅺ507頁、登研715号165頁、月報61巻5号329頁）

従業員又は代理人の宣誓供述書に領事等が認証したものが添付された外国会社の登記の申請の受理

（平18．4．5、民商第873号民事局商事課長通知・先例集追Ⅺ509頁、登研715号168頁〔解説付〕、月報61巻5号332頁）

会社法の施行に伴う商業登記記録例

（平18.　4.　26、民商第1110号民事局商事課長依命通知・先例集追XI510頁、登研700号135頁、701号143頁、702号141頁、706号141頁）

「会社法の施行に伴う商業登記事務の取扱いについて」の一部改正

（平18.　4.　28、民商第1139号民事局長通達・先例集追XI510頁、登研700号133頁、月報61巻5号327頁）

会社法の施行に伴う関係法律の整備等に関する法律の施行に伴う商業・法人登記事務の取扱い

（平18.　4.　28、民商第1140号民事局長通達・先例集追XI512頁、登研703号89頁）

関税定率法等の一部を改正する法律等の施行に伴う供託事務の取扱い

（平18.　5.　29、民商第1286号民事局長通達・登研715号193頁、月報62巻1号131頁）

破産手続の終結の登記等に関する商業・法人登記事務の取扱い

（平18.　8.　25、民商第1999号民事局商事課長通知・先例集追XI721頁、登研715号169頁〔解説付〕、月報61巻10号95頁）

関税定率法等の一部を改正する法律等の施行に伴う供託事務の取扱い

（平18.　12.　22、民商第2850号民事局長通達・登研715号205頁、月報62巻1号143頁）

社会福祉法人の理事の変更登記申請の受否

（平19.　1.　11、民商第31号民事局商事課長通知・先例集追XII1頁、登研715号173頁〔解説付〕、月報62巻2号207頁）

株式会社の設立の登記等の添付書面である資本金の額の計上に関する書面の取扱い

（平19. 1. 17、民商第91号民事局長通達・先例集追XII 2 頁、登研710号92頁〔解説付〕、月報62巻 3 号203頁）

海上運送事業の活性化のための船員法等の一部を改正する法律等の施行に伴う登記事務の取扱い

（平19. 2. 23、民商第451号民事局商事課長通知・先例集追XII 3 頁、登研714号132頁、月報62巻 4 号205頁）

海上物流の基盤強化のための港湾法等の一部を改正する法律等の施行に伴う法人登記事務の取扱い

（平19. 3. 5、民商第516号民事局商事課長通知・先例集追XII 7 頁、登研714号136頁、月報62巻 4 号211頁）

海上物流の基盤強化のための港湾法等の一部を改正する法律等の施行に伴う法人登記事務の取扱い

（平19. 3. 12、民商第566号民事局商事課長通知・先例集追XII16頁、登研714号144頁、月報62巻 4 号220頁）

中小企業等協同組合法等の一部を改正する法律の施行に伴う法人登記事務の取扱い

（平19. 3. 28、民商第782号民事局商事課長通知・先例集追XII19頁、登研715号177頁、月報62巻 5 号269頁）

良質な医療を提供する体制の確立を図るための医療法等の一部を改正する法律の施行に伴う法人登記事務の取扱い

（平19．3．30、民商第811号民事局商事課長通知・先例集追Ⅻ28頁、登研715号185頁、月報62巻5号278頁）

登録免許税法施行規則及び租税特別措置法施行規則の一部を改正する省令の施行に伴う商業登記事務の取扱い

（平19．4．25、民商第971号民事局長通達・先例集追Ⅻ33頁、登研712号171頁〔解説付〕、月報62巻6号194頁）

自転車競技法及び小型自動車競走法の一部を改正する法律の施行に伴う法人登記事務の取扱い

（平19．6．13、民商第1060号民事局商事課長通知・先例集追Ⅻ42頁、登研722号115頁、月報62巻11号176頁）

特定目的会社の解散の事由

（平19．7．13、民商第1428号民事局商事課長通知・先例集追Ⅻ46頁、登研719号151頁、月報62巻8号196頁）

信託法の施行に伴う限定責任信託の登記事務の取扱い

（平19．8．20、民商第1680号民事局長通達・先例集追Ⅻ52頁、登研718号65頁、月報62巻9号169頁）

役員全員解任を内容とする登記申請があった場合の取扱いの解釈

（平19．8．29、民商第1753号民事局商事課長通知・先例集追Ⅻ112頁、登研716号116頁〔解説付〕、月報62巻9号164頁）

「商業登記法等の一部を改正する法律等の施行に伴う電子認証事務の取扱いについて（平成12年9月29日付け法務省民四第2274号民事局長通達）」の一部改正

（平19．9．7、民商第1823号民事局長通達・先例集追XII113頁、登研723号159頁、月報62巻12号137頁）

証券取引法等の一部を改正する法律の施行等に伴う供託事務の取扱い

（平19．9．18、民商第1900号民事局長通達・登研721号150頁、月報62巻10号224頁）

組合等登記令の一部を改正する政令の施行に伴う法人登記事務の取扱い

（平19．9．19、民商第1959号民事局商事課長通知・先例集追XII114頁、登研720号126頁、月報62巻11号181頁）

商業登記等事務取扱手続準則の一部改正

（平19．9．19、民商第1961号民事局長通達・先例集追XII120頁、登研719号151頁、月報62巻10号222頁）

証券取引法等の一部を改正する法律等の施行に伴う商業・法人登記事務の取扱い

（平19．9．20、民商第1964号民事局長通達・先例集追XII120頁、登研722号119頁、月報62巻11号187頁）

国際刑事裁判所に対する協力等に関する法律等の施行に伴う供託事務の取扱い

（平19．9．25、民商第2045号民事局商事課長通知・登研724号53頁、月報62巻10号241頁）

自転車競技法及び小型自動車競走法の一部を改正する法律の一部の施行に伴う法人登記事務の取扱い

（平19．9．26、民商第2063号民事局商事課長通知・先例集追XII133頁、登

研723号160頁、月報62巻11号200頁）

株式会社が他の登記所の管轄区域内へ本店を移転したときに新所在地において登記すべき事項
（平19. 11. 7、民商第2405号民事局商事課長通知・先例集追XII138頁、登研719号152頁〔解説付〕、月報62巻12号127頁）

管轄外への本店移転の登記申請があった場合の登記すべき事項の取扱い
（平19. 11. 12、民商第2451号民事局商事課長通知・先例集追XII139頁、登研719号154頁〔解説付〕、月報62巻12号132頁）

募集株式の発行による変更登記によって資本金の額を誤って少なく登記した場合の抹消及び変更の登記
（平19. 12. 3、民商第2584号民事局商事課長通知・先例集追XII140頁、登研719号156頁〔解説付〕、月報63巻1号135頁）

募集株式の発行による変更登記によって資本金の額を誤って多く登記した場合の更正の登記
（平19. 12. 3、民商第2586号民事局商事課長通知・先例集追XII141頁、登研719号158頁〔解説付〕、月報63巻1号139頁）

管轄外からの本店移転の登記後旧本店所在地においても登記がされていた登記の更正又は抹消の申請があった場合等の取扱い
（平19. 12. 14、民商第2722号民事局商事課長通知・先例集追XII142頁、登研719号159頁、月報63巻1号143頁）

一つの分割会社が複数の承継会社との間で吸収分割をする場合の登記の取扱い

（平19．12．18、民商第2738号民事局商事課長通知・先例集追XII147頁、登研719号164頁〔解説付〕、月報63巻1号151頁）

新設分割又は株式移転による設立登記の申請書に設立時代表取締役の就任承諾書に押印した印鑑に係る印鑑証明書を添付することの要否

（平20．1．25、民商第307号民事局商事課長通知・先例集追XII149頁、登研724号51頁〔解説付〕、月報63巻3号96頁）

租税特別措置法第84条の5（電子情報処理組織による登記の申請の場合の登録免許税額の特別控除）の規定の施行に伴う商業・法人登記事務の取扱い

（平20．2．12、民商第530号民事局商事課長通知・先例集追XII149頁、登研722号113頁〔解説付〕、月報63巻3号101頁）

登記事務における登記簿等の公開に関する事務の民間委託実施庁における簡易確認手続の取扱い

（平20．2．18、民商第631号民事局長通達・登研724号57頁、月報63巻3号105頁）

供託事務取扱手続準則の一部改正

（平20．2．20、民商第641号民事局長・大臣官房会計課長通達・登研722号131頁、月報63巻3号108頁）

供託規則等の一部改正に伴う供託事務の取扱い

（平20．2．20、民商第642号民事局長・大臣官房会計課長通達・登研722号159頁、月報63巻3号115頁）

商業登記等事務取扱手続準則の一部改正

（平20．2．22、民商第674号民事局長通達・先例集追XII150頁、登研726号127頁、月報63巻4号151頁）

法務局及び地方法務局における商業・法人登記事務の集中化の実施に伴う商業・法人登記事務の取扱い等

（平20．3．5、民商第774号民事局長通達・先例集追XII151頁、登研726号130頁、月報63巻4号154頁）

公認会計士法等の一部を改正する法律の施行等に伴う供託事務の取扱い

（平20．3．17、民商第915号民事局長通達・登研738号151頁、月報63巻4号170頁）

端株発行会社が普通株式を分割する際に取得条項付種類株式の内容を変更する場合における会社法第111条第1項の当該種類株式の株主全員の同意及び同法第322条第1項の当該種類の株式を有する株主を構成員とする種類株主総会の決議の要否

（平20．3．21、民商第990号民事局商事課長通知・先例集追XII159頁、登研725号131頁〔解説付〕、月報63巻4号164頁）

公認会計士法等の一部を改正する法律の施行に伴う法人登記事務の取扱い

（平20．3．21、民商第1008号民事局商事課長通知・先例集追XII161頁、登研732号96頁、月報63巻11号172頁）

「商業登記法等の一部を改正する法律等の施行に伴う電子認証事務の取扱いについて（平成12年9月29日付け法務省民四第2274号民事局長通達）」の一部改正

（平20．3．21、民商第1009号民事局長通達・先例集追XII185頁、登研726号138頁、月報63巻5号257頁）

消費生活協同組合法の一部を改正する等の法律の施行に伴う法人登記事務の取扱い

（平20．3．25、民商第1027号民事局商事課長通知・先例集追XII185頁、登研732号118頁、月報63巻11号194頁）

「会社法の施行に伴う商業登記記録例について」の一部改正

（平20．3．27、民商第1074号民事局商事課長依命通知・先例集追XII193頁、登研725号134頁、月報63巻5号257頁）

法人の破産管財人からの供託物払渡請求書に添付すべき印鑑証明書等

（平20．4．7、民商第1179号民事局商事課長通知・登研726号139頁〔解説付〕、月報63巻5号258頁）

動産・債権譲渡登記規則の一部を改正する省令の施行に伴う動産・債権譲渡登記事務の取扱い

（平20．4．25、民商第1150号民事局長通達・先例集追XII194頁、登研737号167頁、月報63巻7号196頁）

法務局及び地方法務局における商業・法人登記事務の集中化の実施に伴う簡易確認手続の取扱い

（平20．6．12、民商第1667号民事局長通達・登研727号121頁〔解説付〕、月報63巻8号125頁）

存続会社が一通の吸収合併契約書により複数の消滅会社との間で吸収合併をする場合の登記の取扱い

（平20．6．25、民商第1774号民事局商事課長通知・先例集追XII195頁、登研727号119頁〔解説付〕、月報63巻8号132頁）

「みなし定款変更」を受けた会社に交付する証明書の様式

（平20. 7. 17、民商第1962号民事局商事課長通知・先例集追Ⅻ196頁、登研729号113頁〔解説付〕、月報63巻9号125頁）

動産譲渡登記及び債権譲渡登記に係る保存期間が満了した閉鎖登記ファイルの記録の取扱い

（平20. 8. 1、民商第1991号民事局商事課長依命通知・先例集追Ⅻ198頁、登研728号224頁〔解説付〕、月報63巻9号131頁）

投資法人の解散時における監督役員の登記の抹消

（平20. 8. 25、民商第2307号民事局商事課長通知・先例集追Ⅻ198頁、登研730号145頁〔解説付〕、月報63巻10号119頁）

一般社団法人及び一般財団法人に関する法律及び公益社団法人及び公益財団法人の認定等に関する法律の施行に伴う関係法律の整備等に関する法律等の規定による職権登記実施要領

（平20. 9. 1、民商第2054号民事局長通達・先例集追Ⅻ199頁、登研729号116頁、月報63巻10号232頁）

一般社団法人及び一般財団法人に関する法律等の施行に伴う法人登記事務の取扱い

（平20. 9. 1、民商第2351号民事局長通達・先例集追Ⅻ221頁、登研728号129頁、月報63巻10号124頁）

一般社団法人及び一般財団法人に関する法律等の施行に伴う法人登記記録例

（平20. 9. 22、民商第2529号民事局商事課長依命通知・先例集追Ⅻ340頁、

登研741号76頁、月報63巻11号202頁）

　吸収合併に際しての発行可能株式総数を超えた株式の発行及び当該枠外発行の数を前提とする発行可能株式総数の増加に係る条件付定款変更の可否
　（平20. 9. 30、民商第2665号民事局商事課長通知・先例集追XII340頁、登研731号153頁〔解説付〕、月報63巻11号282頁）

　金融商品取引業者の登録に必要な資本金の額を満たしていないものの、金融商品取引業を行う旨を目的に掲げる株式会社の設立の登記の取扱い
　（平20. 10. 2、民商第2654号民事局商事課長通知・先例集追XII341頁、登研731号154頁〔解説付〕、月報63巻11号286頁）

　一般財団法人の設立に係る財産拠出の受入れに関する証明書の様式及び記載内容
　（平20. 10. 16、民商第2764号民事局商事課長通知・先例集追XII341頁、登研731号157頁〔解説付〕、月報63巻11号292頁）

　定款に業務執行社員の任期に関する規定がある合同会社における業務執行社員の変更登記の要否
　（平20. 11. 21、民商第3037号民事局商事課長通知・先例集追XII345頁、登研732号125頁〔解説付〕、月報64巻1号270頁）

　金融機能の強化のための特別措置に関する法律及び金融機関等の組織再編成の促進に関する特別措置法の一部を改正する法律の施行に伴う商業・法人登記事務の取扱い
　（平20. 12. 17、民商第3258号民事局商事課長通知・先例集追XII345頁、登研737号153頁、月報64巻2号137頁）

清算型の更生会社について更生計画に基づき清算が結了した場合の登記記録の閉鎖

　（平20．12．18、民商第3268号民事局商事課長通知・先例集追Ⅻ355頁、登研733号145頁〔解説付〕、月報64巻2号146頁）

　有限責任事業組合契約の組合員が取締役会設置会社（委員会設置会社を除く。）である場合における当該組合員の職務を行うべき者の選任に関する書面

　（平20．12．19、民商第3279号民事局長通達・先例集追Ⅻ355頁、登研733号147頁〔解説付〕、月報64巻2号151頁）

　商業・法人登記事務の集中化の実施に伴う新登記情報システム導入後の印鑑カードに関する事務及び電子認証に関する事務の取扱い

　（平21．1．5、民商第4号民事局長通達・月報64巻2号158頁）

　名称中に公共嘱託登記司法書士協会又は公共嘱託登記土地家屋調査士協会という文字を使用する一般社団法人の登記事務の取扱い

　（平21．1．7、民商第34号民事局商事課長通知・先例集追Ⅻ359頁、登研738号169頁、月報64巻3号181頁）

　商業登記等事務取扱手続準則の一部改正

　（平21．3．16、民商第432号民事局長通達・先例集追Ⅻ363頁、登研735号121頁、月報64巻4号167頁）

　商業登記規則等の一部を改正する省令の施行に伴う商業・法人登記事務の取扱い

　（平21．3．16、民商第433号民事局商事課長通知・先例集追Ⅻ363頁、登研735号122頁〔解説付〕、月報64巻4号167頁）

会社法施行規則、会社計算規則等の一部を改正する省令の施行に伴う商業登記事務の取扱い

（平21．3．27、民商第765号民事局長通達・先例集追Ⅻ365頁、登研737号162頁〔解説付〕、月報64巻5号254頁）

電子記録債権法等の施行に伴う供託事務の取扱い

（平21．5．13、民商第1160号民事局長通達・登研739号128頁、月報64巻6号86頁）

我が国における産業活動の革新等を図るための産業活力再生特別措置法等の一部を改正する法律の施行に伴う商業・法人登記事務の取扱い

（平21．6．22、民商第1471号民事局商事課長通知・先例集追Ⅻ367頁、登研740号99頁、月報64巻7号126頁）

商号又は名称に「支部」という文字を使用する会社又は法人の登記の可否

（平21．7．16、民商第1679号民事局商事課長通知・先例集追Ⅻ408頁、登研740号135頁〔解説付〕、月報64巻8号93頁）

特例無限責任中間法人の職権解散登記の取扱い等

（平21．7．31、民商第1842号民事局商事課長通知・先例集追Ⅻ409頁、登研742号147頁、月報64巻9号65頁）

特定住宅瑕疵担保責任の履行の確保等に関する法律等の施行に伴う供託事務の取扱い

（平21．9．29、民商第2300号民事局長通達・登研743号98頁、月報64巻11号133頁）

農地法第43条第1項の規定による遊休農地を利用する権利の設定に関する裁定に係る補償金の供託に関する手続

（平21. 12. 14、民商第2973号民事局商事課長依命通知・登研745号87頁、月報65巻1号178頁）

著作権法第67条第1項（同法第103条において準用する場合を含む。）の規定による著作権者不明等の場合における著作物の利用に係る補償金及び同法第67条の2第1項（同法第103条において準用する場合を含む。）の規定による裁定申請中の著作物の利用に係る担保金の供託に関する手続

（平21. 12. 24、民商第3041号民事局商事課長依命通知・登研746号125頁、月報65巻2号151頁）

商業登記等事務取扱手続準則の一部改正

（平22. 2. 18、民商第391号民事局長通達・登研748号123頁、月報65巻3号190頁）

資金決済に関する法律等の施行に伴う供託事務の取扱い

（平22. 3. 30、民商第830号民事局長通達・登研751号105頁、月報65巻5号162頁）

商業登記等事務取扱手続準則の一部改正

（平22. 4. 1、民商第711号民事局長通達・登研749号116頁、月報65巻5号162頁）

租税特別措置法第80条の規定に基づく登録免許税の軽減に係る証明書の様式

（平22. 6. 3、民商第1395号民事局商事課長依命通知・登研752号146頁、月報65巻7号217頁）

租税特別措置法第80条第2項の規定に基づく登録免許税の軽減に係る証明書の様式

（平22．7．8、民商第1665号民事局商事課長依命通知・登研753号155頁、月報65巻8号110頁）

保険法の施行に伴う供託事務の取扱い

（平22．7．12、民商第1696号民事局長通達・登研753号164頁、月報65巻8号119頁）

商業・法人登記事務の集中化の実施に伴う経過的な商業・法人登記事務の取扱い

（平22．7．16、民商第1719号民事局商事課長依命通知・登研753号159頁、月報65巻8号144頁）

商業登記等事務取扱手続準則の一部改正

（平22．7．27、民商第1804号民事局長通達・登研753号159頁、月報65巻9号120頁）

独立行政法人通則法の一部を改正する法律の施行に伴う法人登記事務の取扱い

（平22．11．24、民商第2773号民事局商事課長通知・登研758号145頁〔解説付〕、月報66巻1号206頁）

商品取引所法及び商品投資に係る事業の規制に関する法律の一部を改正する法律の施行に伴う法人登記事務の取扱い

（平22．12．10、民商第3097号民事局商事課長通知・登研759号73頁〔解説付〕、月報66巻2号84頁）

登記オンライン申請受付代行システムにおけるオンライン登記申請に関する商業・法人登記事務の取扱い

（平23．1．31、民商第240号民事局商事課長通知・月報66巻3号263頁）

商業登記等事務取扱手続準則及び「オンライン登記申請等に係る商業・法人登記等の事務の取扱いについて」の一部改正

（平23．2．2、民商第260号民事局長通達・登研759号99頁、月報66巻3号269頁）

不動産登記規則等の一部を改正する省令の施行に伴う商業・法人登記事務及び動産・債権譲渡登記事務の取扱い

（平23．3．29、民商第805号民事局長通達・登研763号132頁、月報66巻5号136頁）

不動産登記規則等の一部を改正する省令の施行に伴う商業・法人登記事務及び動産・債権譲渡登記事務の取扱い

（平23．3．29、民商第806号民事局商事課長依命通知・登研763号136頁、月報66巻5号140頁）

破産手続開始の登記がされた会社その他の法人の破産手続開始の決定当時の代表者に係る代表者事項証明書又は印鑑の証明書の交付

（平23．4．1、民商第816号民事局商事課長通知・登研763号139頁〔解説付〕、月報66巻6号115頁）

東日本大震災に伴う不動産登記及び商業・法人登記における不正登記防止申出の取扱い

（平23．4．14、民二・民商第962号民事局長通達・登研763号125頁、月報

66巻5号129頁）

　保険業法等の一部を改正する法律の一部を改正する法律等の施行に伴う法人登記事務の取扱い

　（平23．5．13、民商第1101号民事局商事課長通知・登研763号145頁、月報66巻6号123頁）

　「オンライン登記申請等に係る商業・法人登記等の事務の取扱いについて」の一部改正

　（平23．5．26、民商第1291号民事局長通達・登研765号125頁、月報66巻7号300頁）

　東日本大震災に伴う商業・法人登記事務に係る過料事件の通知の取扱い

　（平23．6．2、民商第1268号民事局商事課長依命通知・月報66巻7号301頁）

　現下の厳しい経済状況及び雇用情勢に対応して税制の整備を図るための所得税法等の一部を改正する法律の施行に伴う商業・法人登記事務の取扱い

　（平23．6．30、民商第1554号民事局商事課長通知・登研764号141頁〔解説付〕、月報66巻8号80頁）

　産業活力の再生及び産業活動の革新に関する特別措置法の一部を改正する法律の施行に伴う商業登記事務の取扱い

　（平23．6．30、民商第1555号民事局商事課長通知・登研765号126頁、月報66巻8号88頁）

　家畜伝染病予防法の一部を改正する法律等の施行に伴う供託事務の取扱い

　（平23．7．11、民商第1656号民事局長通達・登研765号141頁〔解説付〕、

月報66巻8号104頁）

　登記・供託オンライン申請システムに送信された登記事項を利用してする商業・法人登記事務の取扱い（平27．2．6、民商第13号通達により廃止）
　（平23．7．13、民商第1680号民事局長通達・登研765号139頁、月報66巻8号102頁）

　租税特別措置法第80条第2項の規定に基づく登録免許税の軽減に係る証明書の様式
　（平23．8．4、民商第1836号民事局商事課長依命通知・登研768号138頁、月報66巻9号134頁）

　農林中央金庫及び特定農水産業協同組合等による信用事業の再編及び強化に関する法律の一部を改正する法律の施行に伴う法人登記事務の取扱い
　（平23．9．26、民商第2271号民事局商事課長通知・登研771号160頁、月報66巻11号156頁）

　便宜時効完成による歳入納付の取扱いの廃止
　（平23．11．24、民商第2824号民事局長通達・登研773号175頁、月報67巻1号291頁）

　東日本大震災の被災者等に係る国税関係法律の臨時特例に関する法律の一部を改正する法律等の施行に伴う商業・法人登記事務の取扱い
　（平23．12．14、民商第3008号民事局商事課長依命通知・登研774号112頁、月報67巻1号282頁）

　供託規則の一部改正に伴う電子情報処理組織による供託等に関する供託事務の取扱い

（平23．12．28、民商第3186号民事局長・大臣官房会計課長通達・登研775号103頁、月報67巻 2 号227頁）

供託事務取扱手続準則の一部改正

（平23．12．28、民商第3187号民事局長・大臣官房会計課長通達・登研775号125頁、月報67巻 2 号250頁）

民間紛争解決手続代理関係業務を行うことを目的としなくなった土地家屋調査士法人における特定社員である旨の登記の取扱い

（平24．1．19、民商第137号民事局商事課長通知・登研774号120頁〔解説付〕、月報67巻 3 号139頁）

特定非営利活動促進法の一部を改正する法律の施行に伴う法人登記事務の取扱い

（平24．2．3、民商第298号民事局商事課長依命通知・登研774号123頁、月報67巻 2 号211頁）

民法等の一部を改正する法律の施行に伴う商業登記事務の取扱い

（平24．3．8、民商第433号民事局長通達・登研775号77頁、月報67巻 4 号158頁）

民法等の一部を改正する法律の施行に伴う商業登記記録例

（平24．3．8、民商第434号民事局商事課長依命通知・登研775号81頁、月報67巻 4 号163頁）

登記オンライン申請受付代行システムにおけるオンライン登記申請に関する商業・法人登記事務の取扱い

（平24．3．22、民商第741号民事局商事課長通知・月報67巻 5 号280頁）

二重地番の解消を目的とした地番の変更に伴う商業・法人登記における登記事項の変更の登記に係る登録免許税

（平24．3．28、民商第819号民事局商事課長通知・登研778号104頁、月報67巻5号282頁）

森林法第10条の11の6第1項の規定による要間伐森林についての特定所有権及び特定使用権の取得に関する裁定に係る補償金の供託に関する手続

（平24．3．29、民商第845号民事局商事課長依命通知・登研778号114頁〔解説付〕、月報67巻5号337頁）

商業登記オンライン申請等事務取扱規程の制定

（平24．3．30、民商第886号民事局長通達・登研777号111頁、月報67巻5号298頁）

商業登記等事務取扱手続準則の一部改正

（平24．3．30、民商第887号民事局長通達・登研778号111頁、月報67巻5号312頁）

租税特別措置法第80条第2項の規定に基づく登録免許税の軽減に係る証明書の様式

（平24．4．2、民商第869号民事局商事課長依命通知・登研777号97頁、月報67巻5号287頁）

登記の抹消の申請書に添付すべき書面

（平24．4．3、民商第898号民事局商事課長通知・登研779号115頁〔解説付〕、月報67巻5号315頁）

法務局及び地方法務局における商業・法人登記事務の集中化の実施後の商業・法人登記事務に関する取扱要領の制定

（平24．4．27、民商第1094号民事局長通達・登研776号127頁、月報67巻5号321頁）

「東北地方太平洋沖地震に伴う印鑑の証明書の発行停止に係る取扱い等について」の取扱い等

（平24．4．27、民商第1095号民事局商事課長依命通知・月報67巻5号336頁）

商業登記等事務取扱手続準則の一部改正

（平24．5．17、民商第1257号民事局長通達・登研780号109頁、月報67巻8号77頁）

商業登記等事務取扱手続準則の一部改正に伴う経過措置

（平24．5．17、民商第1258号民事局商事課長依命通知・登研780号111頁、月報67巻8号79頁）

出入国管理及び難民認定法及び日本国との平和条約に基づき日本の国籍を離脱した者等の出入国管理に関する特例法の一部を改正する等の法律等の施行に伴う供託事務の取扱い

（平24．6．28、民商第1597号民事局長通達・登研777号125頁、月報67巻7号116頁）

商業登記等事務取扱手続準則の一部改正

（平24．6．29、民商第1602号民事局長通達・登研780号112頁〔解説付〕、月報67巻8号80頁）

民事再生手続に関する登記がされた会社・法人の代表者に対する電子証明書発行の可否

（平24．12．13、民商第3477号民事局商事課長通知・登研783号119頁〔解説付〕、月報68巻１号186頁）

不動産の管轄登記所等の指定に関する省令及び夫婦財産契約登記規則の一部を改正する省令の施行に伴う夫婦財産契約登記事務の取扱い

（平24．12．28、民商第3619号民事局商事課長通知・登研783号124頁〔解説付〕、月報68巻１号194頁）

時効処理等取扱要領の制定

（平25．１．11、民商第７号民事局長・大臣官房会計課長通達・登研790号102頁、月報68巻６号109頁）

「債権譲渡の対抗要件に関する民法の特例等に関する法律の一部を改正する法律等の施行に伴う動産譲渡登記等に関する事務の取扱いについて」により準じて取り扱うものとされている「登記手数料令及び債権譲渡登記令の一部を改正する政令等の施行に伴う債権譲渡登記事務の取扱いについて」の一部改正

（平25．３．26、民商第38号民事局長通達・登研790号97頁、月報68巻７号220頁）

ＤＶ被害者から供託物払渡請求書の住所等の秘匿に係る申出があった場合における措置について

（平25．９．20、民商第78号民事局商事課長通知・登研793号136頁、月報68巻12号78頁）

特定非営利活動促進法における「設立の認証に関する書類」の取扱い

208

（平25．10．11、民商第87号民事局商事課長依命通知・登研797号97頁、月報68巻11号59頁）

　社員が１人となった日から引き続き６か月間その社員が２人以上となる登記がされていない司法書士法人に係る代表者事項証明書及び印鑑証明書の交付並びに電子証明書の発行の可否

（平25．12．11、民商第98号民事局商事課長通知・登研796号121頁〔解説付〕、月報69巻１号118頁）

　民法の一部を改正する法律の施行に伴う供託事務の取扱い

（平25．12．11、民商第108号民事局長通達・登研797号125頁、月報69巻１号124頁）

　産業競争力強化法の施行に伴う商業・法人登記事務の取扱い

（平26．１．17、民商第１号民事局商事課長通知・登研802号87頁〔解説付〕、月報69巻４号218頁）

　租税特別措置法第80条第３項の規定に基づく登録免許税の軽減に係る証明書の様式

（平26．１．17、民商第３号民事局商事課長依命通知・登研802号134頁、月報69巻４号252頁）

　動産・債権譲渡登記オンライン登記申請等事務取扱規程の制定

（平26．３．３、民商第15号民事局長通達・登研800号111頁、月報69巻７号111頁）

　預金保険法の一部改正及び金融機能の強化のための特別措置に関する法律の一部改正に伴う商業・法人登記事務の取扱い

（平26．3．5、民商第19号民事局商事課長通知・登研797号105頁、月報69巻5号265頁）

地方独立行政法人法の一部改正に伴う法人登記事務の取扱い

（平26．3．31、民商第33号民事局商事課長通知・登研802号121頁、月報69巻5号284頁）

供託事務取扱手続準則の一部改正

（平26．5．9、民商第39号民事局長・大臣官房会計課長通達・登研809号157頁、月報69巻6号129頁）

供託規則の一部改正に伴う供託事務の取扱い

（平26．5．9、民商第40号民事局長・大臣官房会計課長通達・登研809号158頁〔解説付〕、月報69巻6号132頁）

公益法人の公益の認定取消しに伴う名称変更登記嘱託書の様式

（平26．5．16、民商第44号民事局商事課長依命通知・登研809号144頁〔解説付〕、月報69巻7号102頁）

動産・債権譲渡登記令の一部を改正する政令等の施行に伴う動産・債権譲渡登記事務の取扱い

（平26．5．23、民商第49号民事局長通達・登研798号159頁、月報69巻6号122頁）

投資信託及び投資法人に関する法律の一部改正に伴う投資法人の登記事務の取扱い

（平26．11．21、民商第103号民事局商事課長通知・登研809号151頁〔解説付〕、月報70巻2号222頁）

動産・債権譲渡登記事務取扱手続準則の制定

（平26．12．22、民商第128号民事局長通達・登研806号107頁〔解説付〕、月報70巻 2 号229頁）

会社法の一部を改正する法律等の施行に伴う商業・法人登記事務の取扱い

（平27．2．6、民商第13号民事局長通達・登研804号215頁、月報70巻 3 号370頁）

会社法の一部を改正する法律等の施行に伴う商業・法人登記記録例

（平27．2．6、民商第14号民事局商事課長依命通知・登研804号267頁、月報70巻 3 号421頁）

商業登記規則等の一部を改正する省令の施行に伴う商業・法人登記事務の取扱い

（平27．2．20、民商第18号民事局長通達・登研808号111頁、月報70巻 3 号477頁）

商業登記等事務取扱手続準則の一部改正

（平27．2．27、民商第21号民事局長通達・登研808号132頁〔解説付〕、月報70巻 4 号284頁）

商業登記等事務取扱手続準則の一部改正に伴う経過措置等

（平27．2．27、民商第22号民事局商事課長依命通知・登研808号141頁、月報70巻 4 号294頁）

供託事務取扱手続準則の一部改正

（平27．3．2、民商第16号民事局長・大臣官房会計課長通達・月報70巻 4

号301頁）

内国株式会社の代表取締役の全員が日本に住所を有しない場合の登記の申請の取扱い

（平27. 3. 16、民商第29号民事局商事課長通知・登研808号142頁、月報70巻4号295頁）

休眠会社及び休眠一般法人の整理等

（平27. 9. 7、民商第104号民事局長通達・登研817号153頁、月報70巻9号100頁）

休眠会社及び休眠一般法人の整理等の作業

（平27. 9. 7、民商第105号民事局商事課長依命通知・登研817号169頁、月報70巻9号115頁）

商業登記等事務取扱手続準則の一部改正

（平27. 9. 30、民商第121号民事局長通達・登研817号172頁、月報70巻10号102頁）

行政手続における特定の個人を識別するための番号の利用等に関する法律の施行に伴う関係法律の整備等に関する法律等の施行に伴う商業・法人登記事務の取扱い

（平27. 9. 30、民商第122号民事局長通達・登研817号179頁、月報70巻10号111頁）

供託事務取扱手続準則の一部改正

（平27. 10. 9、民商第127号民事局長・大臣官房会計課長通達・登研819号168頁、月報71巻2号266頁）

「供託規則等の一部改正に伴う振替国債の供託事務の取扱いについて（平成15年1月6日付け法務省民商第2号法務省民事局長・法務省大臣官房会計課長通達）」の一部改正

（平27. 10. 9、民商第128号民事局長・大臣官房会計課長通達・登研819号169頁、月報71巻2号268頁）

不動産登記規則等の一部を改正する省令の施行に伴う夫婦財産契約登記事務の取扱い

（平27. 10. 30、民商第139号民事局商事課長通知・登研825号143頁、月報71巻5号368頁）

社会保険労務士法の一部を改正する法律の一部の施行に伴う法人登記事務の取扱い

（平27. 12. 11、民商第160号民事局商事課長通知・登研819号145頁〔解説付〕、月報71巻1号278頁）

不正競争防止法の一部を改正する法律等の施行に伴う供託事務の取扱い

（平27. 12. 16、民商第166号民事局商事課長通知・登研819号175頁、月報71巻2号274頁）

「供託規則等の一部改正に伴う振替国債の供託事務の取扱いについて（平成15年1月6日付け法務省民商第2号法務省民事局長・法務省大臣官房会計課長通達）」の一部改正

（平27. 12. 18、民商第167号民事局長・大臣官房会計課長通達・登研819号180頁、月報71巻2号278頁）

行政書士法の一部改正に伴う法人登記事務の取扱い

（平27．12．22、民商第169号民事局商事課長通知・登研819号147頁、月報71巻２号246頁）

商業登記等事務取扱手続準則の一部改正

（平27．12．22、民商第170号民事局長通達・登研819号157頁、月報71巻２号256頁）

行政手続における特定の個人を識別するための番号の利用等に関する法律等の施行に伴う商業・法人登記事務及び動産・債権譲渡登記事務の取扱い

（平27．12．22、民商第171号民事局長通達・登研819号159頁、月報71巻２号260頁）

行政手続における特定の個人を識別するための番号の利用等に関する法律等の施行に伴う供託事務の取扱い

（平27．12．22、民商第172号民事局長通達・登研819号184頁、月報71巻２号282頁）

「商業登記法等の一部を改正する法律等の施行に伴う電子認証事務の取扱いについて（平成12年９月29日付け法務省民四第2274号民事局長通達)」の一部改正

（平28．２．５、民商第15号民事局長通達・登研819号165頁、月報71巻３号82頁）

外国弁護士による法律事務の取扱いに関する特別措置法の一部を改正する法律等の施行に伴う法人登記事務の取扱い

（平28．２．９、民商第17号民事局商事課長通知・登研822号175頁〔解説付〕、月報71巻４号138頁）

商業登記規則等の一部を改正する省令等の施行に伴う商業・法人登記事務
の取扱い

（平28．2．26、民商第25号民事局長通達・登研825号145頁、月報71巻5号
370頁）

「法務局及び地方法務局における商業・法人登記事務の集中化の実施後の
商業・法人登記事務に関する取扱要領」の一部改正

（平28．2．26、民商第26号民事局長通達・登研825号150頁、月報71巻5号
375頁）

農業協同組合法等の一部を改正する等の法律等の施行に伴う法人登記事務
の取扱い

（平28．3．8、民商第31号民事局商事課長通知・登研824号179頁〔解説
付〕、月報71巻5号386頁）

商業登記等事務取扱手続準則の一部改正

（平28．3．24、民商第41号民事局長通達・登研825号151頁、月報71巻5号
439頁）

動産・債権譲渡登記事務取扱手続準則の一部改正

（平28．3．24、民商第42号民事局長通達・登研825号175頁、月報71巻5号
476頁）

商業登記等事務取扱手続準則等の一部改正

（平28．3．24、民商第44号民事局長通達・登研825号154頁、月報71巻5号
448頁）

商業登記等事務取扱手続準則の一部改正

（平28．3．29、民商第46号民事局長通達・登研825号155頁〔解説付〕、月報71巻5号450頁）

行政不服審査法等の施行に伴う商業・法人登記事務の取扱い

（平28．3．29、民商第47号民事局長通達・登研825号161頁〔解説付〕、月報71巻5号463頁）

動産・債権譲渡登記事務取扱手続準則の一部改正

（平28．3．29、民商第48号民事局長通達・登研825号177頁、月報71巻5号482頁）

行政不服審査法等の施行に伴う動産・債権譲渡登記事務の取扱い

（平28．3．29、民商第49号民事局長通達・登研825号183頁、月報71巻5号494頁）

供託事務取扱手続準則の一部改正

（平28．3．29、民商第50号民事局長・大臣官房会計課長通達・登研825号188頁、月報71巻5号500頁）

行政不服審査法等の施行に伴う供託事務の取扱い

（平28．3．29、民商第51号民事局長通達・登研825号193頁、月報71巻5号513頁）

「商業登記法等の一部を改正する法律等の施行に伴う電子認証事務の取扱いについて（平成12年9月29日付け法務省民四第2274号民事局長通達)」の一部改正

（平28．3．30、民商第55号民事局長通達・登研825号166頁、月報71巻5号499頁）

農林中央金庫及び特定農水産業協同組合等による信用事業の再編及び強化に関する法律施行令等の一部を改正する政令等の施行に伴う商業・法人登記事務の取扱い

（平28．3．31、民商第59号民事局商事課長通知・登研825号167頁、月報71巻5号468頁）

所得税法等の一部を改正する法律の施行に伴う商業・法人登記の取扱い

（平28．3．31、民商第61号民事局商事課長通知・登研825号173頁、月報71巻5号474頁）

平成28年（2016年）熊本地震に伴う供託事務の取扱い

（平28．4．19、民商第74号民事局商事課長通知・月報71巻6号140頁）

平成28年（2016年）熊本地震に伴う印鑑の証明書の一時発行停止に係る取扱い等

（平28．5．11、民商第81号民事局長通達・月報71巻6号127頁）

商業登記規則等の一部を改正する省令の施行に伴う商業・法人登記事務の取扱い

（平28．6．23、民商第98号民事局長通達・登研823号165頁、月報71巻8号127頁）

商業登記規則等の一部を改正する省令の施行に伴う商業・法人登記事務の取扱い

（平28．6．23、民商第99号民事局商事課長依命通知・登研823号173頁、月報71巻8号135頁）

（平28．12．20、民商第179号民事局長通達・登研832号172頁、月報72巻2号115頁）

「差押命令の申立てが取り下げられたことを証する書面」の様式

（平28．12．27、民商第188号民事局商事課長通知・月報72巻3号83頁）

「登記の申請書に押印すべき者が外国人であり、その者の印鑑につき市町村長の作成した証明書を添付することができない場合等の取扱いについて」の一部改正

（平29．2．10、民商第15号民事局長通達・登研833号91頁、月報72巻4号147頁）

「登記の申請書に押印すべき者が外国人であり、その者の印鑑につき市町村長の作成した証明書を添付することができない場合等の取扱いについて」の一部改正

（平29．2．10、民商第16号民事局商事課長依命通知・登研833号98頁、月報72巻4号154頁）

社会福祉法等の一部を改正する法律等の施行に伴う法人登記事務の取扱い

（平29．2．23、民商第29号民事局商事課長通知・登研833号100頁〔解説付〕、月報72巻4号156頁）

医療法の一部を改正する法律等の施行に伴う法人登記事務の取扱い

（平29．3．7、民商第36号民事局商事課長通知・登研833号134頁、月報72巻4号189頁）

供託規則等の一部改正に伴う供託事務の取扱い

（平29．3．13、民商第37号民事局長通達・登研833号168頁、月報72巻4号

223頁）

　株式会社の発起設立の登記の申請書に添付すべき会社法第34条第１項の規定による払込みがあったことを証する書面の一部として払込取扱機関における口座の預金通帳の写しを添付する場合における当該預金通帳の口座名義人の範囲

　（平29．３．17、民商第41号民事局長通達・登研833号147頁、月報72巻４号202頁）

　森林法等の一部を改正する法律等の施行に伴う法人登記事務の取扱い

　（平29．３．23、民商第45号民事局商事課長通知・登研833号149頁〔解説付〕、月報72巻４号204頁）

　宅地建物取引業法等の一部改正に伴う供託事務の取扱い

　（平29．３．24、民商第47号民事局長通達・登研834号121頁、月報72巻５号193頁）

　資金決済に関する法律の一部改正等に伴う供託事務の取扱い

　（平29．３．30、民商第57号民事局商事課長依命通知・登研834号127頁、月報72巻５号199頁）

　供託事務取扱手続準則の一部改正

　（平29．３．31、民商第59号民事局長・大臣官房会計課長通達・月報72巻５号202頁）

　供託規則の一部改正等に伴う供託事務の取扱い

　（平29．３．31、民商第60号民事局長・大臣官房会計課長通達・月報72巻５号204頁）

　森林法第10条の12の５第１項の規定による共有者不確知森林についての不確知立木持分又は不確知土地使用権の取得に関する裁定に係る補償金の供託に関する手続

　（平29．３．31、民商第67号民事局商事課長依命通知・登研834号130頁〔解説付〕、月報72巻５号208頁）

　不動産登記規則の一部改正に伴う供託事務の取扱い

　（平29．５．17、民商第83号民事局商事課長通知・月報72巻７号268頁）

　不動産登記規則の一部改正に伴う商業・法人登記事務の取扱い

　（平29．５．18、民商第84号民事局商事課長通知・月報72巻７号267頁）

　職務執行停止の仮処分命令又は職務代行者選任の仮処分命令の申立てが取り下げられたことによる職務執行停止又は職務代行者選任の登記の抹消が嘱託された場合の受否

　（平29．６．13、民商第98号民事局商事課長通知・登研838号127頁、月報72巻８号75頁）

　管轄外への本店移転の登記申請があった場合における登記すべき事項の取扱い

　（平29．７．６、民商第111号民事局商事課長通知・登研838号129頁〔解説付〕、月報72巻８号82頁）

　本支店一括登記申請の全部が取り下げられた場合における登記手数料の納付のために貼付された収入印紙の再使用

　（平29．７．11、民商第117号民事局商事課長通知・登研838号130頁、月報72巻８号85頁）

外国保険会社が保険業を廃止したものとみなされ日本に所在する財産の全部について清算を行う場合の登記申請手続

（平29．11．13、民商第184号民事局商事課長通知・登研841号123頁〔解説付〕、月報73巻1号134頁）

民間公益活動を促進するための休眠預金等に係る資金の活用に関する法律の一部の施行に伴う商業・法人登記事務の取扱い

（平29．12．15、民商第198号民事局商事課長通知・登研841号125頁、月報73巻1号144頁）

「登記・法人設立等関係手続の簡素化・迅速化に向けたアクションプラン」に基づく会社の設立登記の優先処理

（平30．2．8、民商第19号民事局長通達・登研864号104頁、月報73巻3号58頁）

農業災害補償法の一部を改正する法律等の施行に伴う法人登記事務の取扱い

（平30．2．19、民商第22号民事局商事課長通知・登研844号113頁、月報73巻4号94頁）

商業登記等事務取扱手続準則の一部改正

（平30．2．27、民商第25号民事局長通達・登研845号129頁、月報73巻5号98頁）

法人名の振り仮名を国税庁法人番号公表サイトにおいて公表するための商業・法人登記事務の取扱い

（平30．2．27、民商第26号民事局長通達・登研845号131頁、月報73巻5号

100頁）

供託規則の一部改正に伴う供託事務の取扱い
（平30．3．16、民商第32号民事局長通達・登研847号106頁〔解説付〕、月報73巻7号189頁）

割賦販売法の一部改正等に伴う供託事務の取扱い
（平30．5．24、民商第59号民事局長通達・登研855号115頁、月報74巻3号85頁）

平成30年7月豪雨に伴う供託事務の取扱い
（平30．7．17、民商第84号民事局商事課長通知・月報73巻10号59頁）

特定非営利活動促進法の一部を改正する法律等の施行に伴う法人登記事務の取扱い
（平30．9．27、民商第110号民事局商事課長通知・登研858号108頁、月報74巻4号240頁）

商号又は名称に使用されている文字の職権更正
（平30．10．10、民商第114号民事局商事課長通知・登研852号138頁、月報73巻12号271頁）

「法務局及び地方法務局における商業・法人登記事務の集中化の実施後の商業・法人登記事務に関する取扱要領」の一部改正
（平30．10．17、民商第116号民事局長通達・登研852号141頁、月報73巻12号274頁）

管轄外への本店移転の登記後に旧本店所在地における登記について登記官

の過誤による錯誤又は遺漏があった場合の職権更正の取扱い

（平30．10．29、民商第123号民事局商事課長通知・登研857号125頁、月報74巻1号191頁）

閉鎖登記簿が廃棄されている株式会社の清算人選任に係る登記記録の復活

（平30．12．13、民商第143号民事局商事課長通知・登研857号128頁、月報74巻1号195頁）

商業登記等事務取扱手続準則の一部改正

（平31．2．26、民商第10号民事局長通達・登研858号115頁、月報74巻4号247頁）

漁業法等の一部を改正する等の法律の施行に伴う法人登記事務の取扱い

（平31．3．20、民商第24号民事局商事課長通知・登研859号124頁、月報74巻5号212頁）

森林経営管理法第28条第3項の規定により同意したものとみなされた経営管理権集積計画に基づき森林所有者に支払うべき金銭の供託に関する手続

（平31．3．29、民商第37号民事局商事課長依命通知・登研864号106頁、月報75巻2号411頁）

改元に伴う供託事務の取扱い

（平31．4．1、民商第38号民事局商事課長依命通知・登研864号129頁、月報74巻4号267頁）

登記関係先例年月日索引　平4.11〜平31.4

2023年1月9日　初版第1刷印刷　定価：1,980円（本体価：1,800円）
2023年1月15日　初版第1刷発行

不複 許製	編　者　　登記研究編集室
	発行者　　坂　巻　　徹

発行所　　東京都文京区　株式会社 テイハン
　　　　　本郷 5 丁目11-3
　　　　　電話 03(3811)5312　FAX 03(3811)5545／〒113-0033
　　　　　ホームページアドレス　https://www.teihan.co.jp

〈検印省略〉　印刷／株式会社立川紙業　ISBN978-4-86096-165-7